# 汉字好好玩 ⑤

## The Fun in Learning Chinese Characters

有画面·有知识·有故事·有历史

张宏如◎著

中国致公出版社
——China Zhigong Press——

　　《汉字好好玩》是一系列画中有字、字中有画的汉字图书，它打破了传统一笔一画学习汉字的方式，改用一幅幅的画作来介绍汉字。内容中的汉字画作看似简单，其实花费了相当多的力气，构图才得以完成。光是第一幅汉字脸谱的创作，从起心动念那一刻起，到作者自己涂鸦式地试画，就耗时近一年之久。创作之初，我常常在公园的泥土上、石板上、树干上画字，假装自己回到了原始时代，在洞穴石壁上画着今天捕了几头野兽、抓了几条鱼，借以揣摩人类老祖宗造字的初衷，于是有所感悟——原来文字还没有发展成形时，人们是用一些简单的线条图画来沟通记录。至于怎么画，如何画，画什么，若能重新体会象形文字，就能发现这里头暗藏着中国文字创始的密码。

# 绘者简介

黄盟钦

　　黄盟钦生于台湾嘉义，台湾师范大学美术系博士生，从事艺术创作并任教于诸多大学担任艺术相关科系兼任讲师。2001 年毕业于国立台湾艺术学院美术系，2007 年毕业于台北艺术大学美术创作研究所，并且荣获奖助学金前往印度 Global Art Village 驻村交流。2010年受邀前往悉尼大学艺术学院（Sydney College of the Arts）艺术家驻校研习计划工作营，同年荣获亚洲文化协会（Asian Culture Council）台湾奖助计划于美国旧金山贺德兰艺术村驻地创作。2011年荣获福布莱特学术交流基金会（Fulbright，FSE）创作艺术家赴美研习奖学金于加州伯克利卡拉艺术机构的驻村研习。2012年获台湾文化事务主管部门参与文化创意类国际性展赛奖助于土耳其伊斯坦布尔举办展览计划。

# 推荐序

我们都容易忽略拥有的宝贝，只有失去的时候才格外珍惜。

生病了，才知道健康的重要；

离开家了，才知道父母为我们做了多少；

雾霾来了，才知道新鲜空气有多么好。

汉字也是这样，在台湾我们从小就学写字，似乎就像呼吸一样自然，当然，难免也会忽略它的美、它的好。

宏如姐姐是我在 NEWS 98 电台主持《九点强强滚》的固定特别来宾，她会和我们一起分享汉字有多好玩。在她轻松有趣的引导下，我们才惊觉每个字都像是一幅图画，每个字都有它在历史中的故事和变形。和宏如姐姐熟识之后，才知道她还经常在各地演讲推广汉字之美，我很尊敬这位老师，她对于传承汉字充满了热情和梦想。

这样一个深爱汉字、推广汉字的好朋友，一步一个脚印，又要出版《汉字好好玩5》，真心希望"画中有字""字中有画"的优美汉字，不要因为我们的忽视，而在这个世界上消失。所以不只是我个人要好好拜读，还要介绍给我的听众、观众、小朋友，一起传递宏如姐姐的心血结晶，一起把汉字的美流传下去，让全世界都知道——汉字好好玩！

台湾如果儿童剧团团长　赵自强

# 目 录

# 本书特色

## 特色一　画中有字，字中有画

　　本书最大的特色就是每一幅图画中都包含着好几个汉字，而每一字的形象就是其事物本身的形象，每一幅图所要表达的意境也是由这一组相关的文字结集而成的。若说本书对于汉字有何贡献，或许最大的价值就在于还原真实情况，让文字回到属于它自己的位置——两千年来并没有人尝试如此做法。自许慎的《说文解字》之后，文字学者在解说文字时，常会利用甲骨文、金文、篆文等图象加以说明文字的起源或演变过程。随着古文物陆续出土，加上影像科技的发达，近代的文字学者，常常会利用图片来辅助说明汉字的成因。这样的做法固然有助于学习者对汉字的体会与了解，但作者认为这样的做法并不够完美，因为老祖先造字的灵感既然取之于大自然，我们理当回到大自然之中重新看待汉字。本书以不同的视野与角度认识汉字，并结合图形、书法、艺术、美学、文字学、哲学等概念特别提出一套汉字画的学习方法。

## 特色二　快速学习汉字的新方法

　　现在书店中有很多介绍汉字字源的书，由单一字源重新认识，一天学两三个字，学成 2500 个常用字，大概也要花个五六年的时间。作者认为，若能将文字图像化，通过图像来记忆学习，应该是最快最有效的方式。通过《汉字好好玩》系列书的画作，可以清楚明了画的含义、字的意义：每一幅图画中至少包括四个字以上，有效地学习基本文字后，接下来只是组合字的问题，借由不同部首或字源之间的组合又可以创造出不同的文字与意义。《汉字好好玩》系列书七十五幅图中，总共包含 500 多个汉字，让有意学习汉字的人可以通过影像记忆，在最短时间内认识最多的汉字。

# 如何阅读本书

## 每幅汉字画以三个步骤进行

首先，说明与每个主题古文字相关的文化意涵。

其次，每幅图以左右跨页的方式呈现，通过简单的汉字画之内容描述，让读者感受画作本身之意境。

最后，将图内的古文字标示出来，让读者清楚比较古今文字之间的关系，并介绍每个字的字义与字形。

作者相信，用欣赏画作的角度来学汉字，会是件既浪漫又有趣的事。

## 特别说明

首先，文中"说文解字"下方的古文字乃是甲骨文、金文、篆文等穿插使用，而图1、图2……说明方式则是为了使汉字学习者可以了解图形之间的变化与差异，因此，图与图之间并没有时间先后的问题。

其次，字形说明部分，作者系以仰视、直视、俯视及透视四种造字角度来分析汉字的形成。仰视造字，必须仰起头来观察，如日、月、星、晶等字；直视造字，只要平视即可，如禾、木、工、弓等字；俯视造字，必须从高处往下看，才能掌握事物的整体样貌，如田、川、州等字；透视造字，如身的古字 𨈑 画出人肚子隆起的样子，"一点"代表肚子里的胎儿。

本文希望通过图形与汉字的造字角度分析，帮助读者在最短的时间内了解汉字、认识汉字，轻轻松松学汉字；并通过不断重复的图像学习，让所有汉字学习者都能感受到汉字学习真的好好玩。

# 汉字的图像思维

相较于西方的拼音文字，中国的文字被视为拼形文字，又称为象形文字或方块文字；不过，自从隶书定型之后，很多文字就已经脱离象形，被归类为指事、形声或其他类别。传统文字学是以东汉许慎所提到的六书为依归。所谓六书，是指"象形、指事、形声、会意、转注、假借"六种造字方法。六书这个词最早见于《周礼》；东汉班固《汉书·艺文志》也曾提及六书，而班固所指的六书则是"象形、象事、象意、象声、转注、假借"。当时也有其他文字学者认为六书应该是"象形、会意、转注、处事、假借、谐声"，可见自东汉时期开始，学者对于六书的看法就颇为分歧，只不过后世多采用许慎的分类作为中国文字的造字原则。

六书的讨论延续了两千年，直到清末民初文字学者唐兰提出三书说，他认为中国的造字原则应该可以归纳为象形、象意与形声这三种方式。唐兰强调象形、象意是上古时期的图画文字，形声文字则是近古时期的声符文字，这三类可以包括所有中国文字。从六书到三书，这是不同时代、不同文字学者对中国文字造字所提出的不同见解。

不论是许慎的六书还是唐兰的三书，目的都是为了说明中国文字的造字方法。而本文作者的创作动机，则是希望可以跳脱传统文字学的讨论方式，亦即只要可以用类似象形文字的方式呈现，不论它归属于许慎的指事、形声、会意、转注、假借，抑或是唐兰的象意、形声，作者都将其统称为"类象形"。以"类象形"的概念重新看待中国的文字，回归象形文字的本质，以图像为出发点，让学习者可以充分感受到中国文字的形成与意境。把原本不是归类于象形系统的文字，以象形的手法来设计呈现，加深对中国文字的记忆，同时增加学习中国文字的趣味性。这就是本书提出"类象形"概念的最终目的。

《汉字好好玩》系列的七十五幅图画中，其中部分图片即是用"类象形"的概念进行创作。例如汉字画——城墙之象，城门上凹凸的石块，凹与凸这两个字在传统文字学中并未被特别提到，但若将它重新设计一番，就成了标准的象形文字，读者可以通过图画感受到凹、凸这两个字的意义与意境。另外，汉字画——方位之象，船停泊在岸边、工人拉桅杆的设计，是为了介绍上、下、中、卡等几个字。若照许慎的解释："指事者，视而可识，察而见意，上、下是也。"上与下是指事类别的字，并不属于象形字，不过作者在此也是以类象形的手法将上与下两字设计于桅杆，通过一根桅杆可以轻易学习到上、下、中、卡这四个汉字。

本系列七十五幅图画创作多以象形文字为基础，少部分不属于象形文字的则以"类象形"的手法来处理，所以不能完全用传统文字学的角度观之，必须以艺术与美学的眼光来看待。作者极力推广的一个概念即是"画中有字，字中有画"。图与画是没有国界的，既然中国文字属于象形文字，也就是图画文字，学习中国文字应该不是件难事。许多外国人会认为中国字不易学习，其实问题就出在当今的文字教学强调一笔一画地写，辜负了象形文字所隐藏的艺术价值；外国人也只看到一个个的字，却没有看到它的艺术之美。作者希望借由本书的问世，改变未来汉字的学习方式，原来"学汉字就像在看画，写汉字像是在学画"，不论是华人或是非华人都能真正欣赏汉字之美，轻轻松松学习汉字。

汉字画一

春天之象

汉字
好好玩

古代二十四节气图。

春天百花盛开。

黄河流域是中国文化的重要发源地，先民长期生活于此，通过观察太阳运行的变化，将太阳运行一年的时间划分出三百六十度，每十五度定出一个节气，一年共分为二十四个节气。节气是提醒农民注意寒暑变化、温度升降、雨量多寡、生物状态。这些气候变化都被完整地记录在农历里，百姓们就依据农历的节气来安排生活与耕种上大大小小的事务。现今，"二十四节气"已被认定极具科学性，更是人类伟大的文化资产。

"立春"是二十四节气中第一个节气，这一天的到来提醒农民春天正式开始，必须开始准备所有的农务工作。中国从周代开始就有迎春的活动，上自君王，下至平民百姓都对这天充满了期待，君王与百官先至祭坛举行隆重的迎春典礼，接着君王会到田地里进行亲耕的仪式，如此有鼓励百姓重视农耕的意涵。春天是万物开始成长的季节，从古文字就可以看出这样的景象。春的古字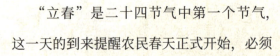由"艸（cǎo）""屯""日"三个部分组合而成，最上面的"艸"代表草，中间的"屯"代表种子发芽，下面的"日"代表太阳。春的古字展现出一种生命力，在太阳照射下，种子破壳而出，草木缓缓地生长。古文

《便民图纂》春耕图。

字本身就是一幅至简极美的抽象画。

古人造字充满了想象力，呈现一种简约的美感。汉字里就有许多是描绘植物的字形，字形中表达出植物不同阶段的生长样貌，从种子发芽，根茎的生长到嫩芽枝叶慢慢舒展开来，一连串植物的生命状态，都再一次借由文字的线条呈现出来。最明显的是"屯""才""不"这几个字，屯的古字 ᖋ 即是种子破壳而出的样子，所以《易经》屯卦，代表欣欣向荣的意思；才的古字 才 就像根茎生长的样子；而不的古字 不 像草木长出根的形象。通过文字的溯源，可以让我们深刻地感受到花草蓬勃的生命力，所以在中国民间流传着"立春一日，百草回芽"的古谚语。

嫩芽破土而出。

根往下生长。

草木发出新芽。

早春也是韭菜最鲜美的时节，古人有"早春食韭"的习惯，杜甫诗句中便提到了"夜雨剪春韭，新炊间黄粱。"夜晚下过雨后，采收的韭菜鲜嫩美味，最适合用来招待客人。韭的古字 韭 像地面上长出了茂密的嫩叶，韭菜容易生长，割采一小段后没多久就会再长出来，源源不绝，所以民间又将韭菜称为长生菜。

## 汉字画

　　山坡上冒出新芽，象征春（䓊）天即将到来，春天是屯（屯）田播种的重要季节，鸟儿衔来不（不）知名的种子，当种子发芽后才（才）知道原来是韭（韭）菜。

　　此画由春、屯、不、才、韭等汉字组成。

| 繁体 | 简体 | 英文 |
|------|------|------|
| | tún | |
| 屯 | 屯 | to plant crops/to collect |

**字义说明** 屯田、聚集；许慎解释，草木刚要萌芽生长的样子，代表艰难需要突破，由屮与一组合而成。

**说文解字** "难也，象艸木之初生，屯然而难，从屮贯一。一，地也。"

$$\text{屯}_1 \quad \text{屯}_2 \quad \text{屯}_3 \quad \text{屯}_4$$

图1　　　图2　　　图3　　　图4

**字形说明** 取草木萌芽生长之形造字。

中间黑点是种子胚芽，四周的线条代表根茎（图1）；一横代表地面，下半部的线条代表草木根茎生长的样子（图2、图3）；演变至今，字形线条改变：图1、图2、图3→图4。

**常用词汇** 屯垦戍边　屯粮积草

chūn

春　春　spring

**字义说明**　春天；许慎解释，春是草木生长的季节，由艸、日与屯组合而成。

**说文解字**　"推也，从艸，从日，艸春时生也，屯声。"

萅　萅　萅　春
图1　　图2　　图3　　图4

**字形说明**　取太阳与草木发芽生长之形造字。
上半部为草木，中间为屯，右下为太阳，像太阳照射着植物（图1）；
上半部仍保留草木形象，下半部太阳已移至左边（图2）；上半部草木
线条改变，太阳位于中间（图3）；演变至今，字形线条结构改变：图
1、图2、图3→图4。

**常用词汇**　春花秋月　春风化雨

bù

不　不　no

**字义说明**　不要，拒绝之义；许慎解释，鸟往天上飞翔，以一横代表天空。有
学者认为古字"不"应与植物发芽有关，像根茎向下生长的样子。

**说文解字**　"鸟飞上翔不下来也，从一，一犹天也。象形。凡不之属皆从不。"

不　不　不　不
图1　　图2　　图3　　图4

**字形说明**　取种子发芽之形造字。
像种子埋在土里，发芽时根部往下生长（图1）；一横代表地面，
下半部的线条代表植物的根（图2）；演变至今，字形线条改变：
图1、图2、图3→图4。

**常用词汇**　情不自禁　兵不厌诈　锲而不舍

繁体　简体　英文

cái

才　才　only then/ability

**字义说明**　才是、才会、才能；许慎解释，草木刚发芽的样子，像根茎贯穿地面。与才有关的字，有材、财等。

**说文解字**　"艸木之初也，从丨上贯一，将生枝叶。一，地也。凡才之属皆从才。"

　　屮　朮　丮　才

图1　　图2　　图3　　图4

**字形说明**　取草木初长之形造字。
种子冒芽长出地面（图1）；一横代表地面，种子形象已经消失，只留下草木的根茎（图2、图3）；线条直线化（图4）。

**常用词汇**　才高八斗　怀才不遇　江郎才尽

jiǔ

韭　韭　leek

字义说明　韭菜；许慎解释，一种生长力强的植物。

说文解字　"菜名，一種（注：zhòng，同种）而久者，故谓之韭。象形。"

韭　韭　韭
图1　图2　图3

字形说明　取韭菜之形造字。
地面上长出韭菜，叶面呈对称生长（图1）；叶面左右对称，叶形上仰生长的样子（图2）；演变至今，字形线条结构改变不大：图1、图2→图3。

常用词汇　春韭秋菘　早韭晚菘

元鳥至
鄭康成注元鳥燕也燕以施生
時來巢人堂宇而孚乳娶嫁之
也

雷乃發聲
云季冬雷在地下則蟄蟲應而振
也孔頴達疏雷是陽氣之
象
聲將上與陰相衝故曰
上則蟄蟲應而振出至此升而動於天之下其
聲發

始電
孔頴達疏電是陽光陽微則光
不見此月陽氣漸盛以擊於陰
揚也
其光乃見
故云始電

春天燕子报时。

古代春耕图。

花卉之象

汉字好好玩

所谓"物竞天择，适者生存"，这不仅发生在人类的身上，许多植物为了生存也会改变形态。例如，仙人掌为了在沙漠中生存下来，叶子演化成针刺状；沙漠里还可见到一种名为"刺槐"的树，刺槐之所以能在沙漠中生存，是因为它的根部可以深入地底吸收水分，

仙人掌叶子演化成针状。

枝干上的刺可减少水分散失，同时防止叶子被动物吃掉，动物只要看到刺槐都会想要避开它。刺源自"朿（cì）"，朿的古字 ![朿] 就像树干两旁长出尖尖的针，当多刺的植物聚集在一起就成了棘；棘的古字 ![棘]，两个朿并排代表荆棘丛生，先民若身处荒郊野外时就需要利用刀具，将这些有刺的草木砍掉，才能拓展新的出路。刺的古字 ![刺]，左边是带朿的树木，右边是一把刀，像拿刀伐木或削去刺的样子。

树上长满刺就像古字 朿 之形。

先民起初对有刺的植物避之唯恐不及，但后来发现这类植物有许多的用途，有些可以食用，有些可当药用，有些可制成颜料，有时甚至被当成一种刑具，古代刑法中就常用带刺的枝条抽打罪犯。

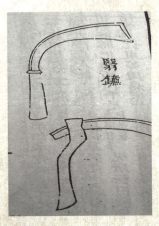

镰刀适合用于砍刺。

中国人食用花朵的历史迄今已有两千多年，

朵的古字  下半部为木，代表根茎枝干，上半部是"几"，表现花苞、花瓣的样子。比如玫瑰花，虽然多刺，但香味芬芳，古人会摘采玫瑰花朵泡茶，玫瑰花瓣可以疏肝理气，达到美容的效果，清朝慈禧太后就常食用花朵做的糕点，让她得以保持青春美丽。

玫瑰。

花卉植物不但具有实质的功用，各类花草也有其各自的象征意义。古人将菊花看作高洁情操的象征，牡丹花则被视为花中之王，《本草纲目》："群芳中以牡丹为第一，故世谓花王。"由于牡丹的花色艳丽、花形贵气、花开时展现繁华之象，因此被喻为富贵的象征。"荣华富贵"是许多人一辈子的梦想，"荣"与"华"这两字原是用来形容植物，《尔雅音图》就提到"草谓之荣，木谓之华。"草木长得茂密繁盛就称为荣华，华的古字 即是描绘花朵盛开的样子，在《汉字好好玩1·花虫之象》即完美呈现华（花）的效果；荣的古字最初是 ，画树枝交叉结满花卉，之后演变为 ，下半部是木，代表树木植物，上半部 象征花朵茂密盛开，犹如火焰一般醒目。

枝干布满尖刺。

花朵盛开，展现繁华之象。

## 汉字画

花园里花朵（朵）盛开，显得欣欣向荣（笑 囵），鲜艳多束（束）的玫瑰，花农摘取时显得棘（赫）手，只好用刀去除花茎上的刺（粉）。

此画由朵、荣（榮）、束、棘、刺等汉字组成。

繁体　简体　英文

cì

朿　朿　thorn bush

**字义说明** 棘刺，朿是刺的本字；许慎解释，朿是象形字，指植物长出尖锐的细刺。

**说文解字** "木芒也，象形。凡朿之属皆从朿，读若刺。"

||||
|---|---|---|---|
| 图1 | 图2 | 图3 | 图4 |

**字形说明** 取草木茎上细刺之形造字。

画植物茎干长出针状的刺（图1）：演变至今，字形线条改变：图1、图2、图3→图4。

| 繁体 | 简体 | 英文 |
|------|------|------|
| | jí | |
| 棘 | 棘 | brambles |

**字义说明** 荆棘；许慎解释，枣树丛生且多刺，棘是两个束并列。

**说文解字** "小枣丛生者，从并束。"

图1 　　图2　　图3

**字形说明** 取植物多刺之形造字。

植物多刺并列在一起，更显出尖锐的效果（图1）；两棵树并排，树干上布满尖刺（图2）；演变至今，字形线条改变：图1、图2→图3。

**常用词汇** 披荆斩棘

| 繁体 | 简体 | 英文 |
|------|------|------|
| | cì | |
| 刺 | 刺 | to stab |

**字义说明** 刺伤；许慎解释，古代君王杀大夫时，用刀尖直插，称为刺，由束与刀组合而成。

**说文解字** "君杀大夫曰刺，刺直伤也，从刀，从束，束亦声。"

粣　　刺

图1　　图2

**字形说明** 取植物与刀之形造字。

左边是一株茎长满尖刺的植物，右边是一把刀，像是用刀砍刺的样子（图1）；字形线条略有改变：图1→图2。

**常用词汇** 芒刺在背　悬梁刺股

 繁体  简体  英文

duǒ

朵　朵　flower blossom

**字义说明** 花朵、数量单位；许慎解释，像树枝上头结了花苞的样子，属象
形字。

(说文解字) "树木垂朵，朵也，从木，象形。"

　　朵　　朵　　朵
　　图1　　图2　　图3

**字形说明** 取植物之形造字。
画一棵植物的外形（图1）；下半部是木，上半部像花苞或花朵之形
（图2）；演变至今，字形线条改变：图1、图2→图3。

**常用词汇** 大快朵颐

繁体　简体　英文

róng

榮　荣　to flourish

**字义说明**　繁荣；许慎解释，指梧桐木，由木与荧组合而成。

**说文解字**　"桐木也，从木，荧省声。"

図1　　図2　　図3　　図4

**字形说明**　取植物花朵之形造字。

画两株植物开花的样子（图1）；枝叶茂密的树木，上半部"火"之形，象征植物花朵盛开的样子（图2、图3）；演变至今，字形线条改变：图1、图2、图3→图4。

**常用词汇**　荣华富贵　欣欣向荣　卖友求荣

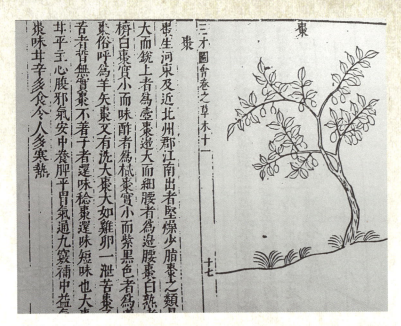

棗樹長滿尖刺。

動物會避開有刺的植物。

秒收之象

汉字

好好玩

历史上，中国每个朝代的土地政策都不同。西周时曾经盛行井田制，将土地划分为公田与私田，政府将土地划分九个区域，划分的形状如井字形，所以称为"井田"。井田中间的土地属于公家所有，称为公田，周围的土地则提供给农民使用，谓之私田。私田的农作物收获归于农民，而公田则由四周农民代为耕种，收获须

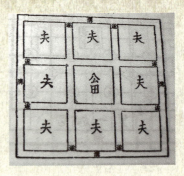

井田制。

上缴朝廷。农民必须先耕种公田后，才能耕种自家的私田，谷物收获时也是如此，须先收割公田后才能收割私田，在当时这的确是一种对百姓有利的政策。

古人对"利"的观念其实就与稻谷收获有关，利的古字 𥝆 左边是禾，右边是一把刀，就像用刀收割谷物的样子。收割前农民需将刀刃磨得锋利，刃的古字

农民收割。

刀，刀上头画一点强调锋利之处。

远古人类是以石刀作为劳动工具，在原始部落常可见到将石块敲打成锋利的形状，族人便可用来砍伐或切割物品，石刀的锋利度不亚于铁制的刀器。锋利的农具有助于农务的进行，尤其收割时可加快采收的速度。谷物采收期，农民如临大敌，因为收割如救火，必须在最短的时间内将成熟的谷物收割处理后存入仓库，才能避免收割期间遇上阴雨天影响谷物的收成。

石刀。

"尺麦只怕寸水"，小麦成熟时最怕雨水，雨水积在田里，就会让小麦根部

农民分工抢收谷物。

软烂倒塌，麦粒受潮后霉烂将造成重大的农损。农民除了担心风雨之外，还要留意虫灾，最怕碰上蝗虫过境将农作物啃噬一空，严重时甚至演变成大饥荒。从甲骨文字上我们可以发现古人对虫灾的担忧，秋的古字出现多种画法、、，除了这个基本元素外，还可发现昆虫的身影。的确，谷物成熟时容易吸引大量的昆虫或动物前来觅食，在发明农药除虫前，先民利用火来驱赶昆虫。秋天与火的关系密切，秋由“禾”与“火”组成，可见农民在这个时节对火的依赖很深。秋收完成后农民会放火烧田，所留下的灰烬可作为土壤肥料，成为新作物的养分来源。

井田制是一种社会分工制度，国家提供公有土地委托农民耕种，收获时利益共享，农民也可有私人的获利。“公”与“私”的古字形象也与禾谷有关，私的古字，左边代表谷类，右边表示一种标志或记号，对个人的禾谷做出标记，用以区别公或私。“公”与“私”两字都有“厶”的符号，只是做记号的方式不同。古人云:“自环者谓之私。”这是指在物品上做符号代表私有；若将进行分配就成了公，公的古字，上半部是“八”，就是指将东西一分为二，有公平分物之意。

蝗虫。

稻草堆。

## 汉字画

秋收季节农夫忙着用刀刃（刀）收割稻谷，有些稻谷必须上缴充公（公），有些归私（私）人所有，可贩卖获利（利）；农夫采收完毕会放火将残余稻秆烧成灰作为肥料，代表秋（秋）收结束准备入冬。

此画由刃、公、私、利、秋等汉字组成。

繁体　简体　英文

rèn

刃　刃　blade

**字义说明** 刀刃；许慎解释，刀子坚利之处。

**说文解字** "刀坚也，象刀，有刃之形。凡刃之属皆从刃。"

丷　刃　刃　刃

图1　　图2　　图3　　图4

**字形说明** 取刀侧面之形造字。

画一把刀，刀面向右，刀面上的点，代表刀子最坚利之处（图1）；刀面向左，特别标示出刀子最锋利的地方（图2、图3）；演变至今，字形线条略有改变：图1、图2、图3→图4。

**常用词汇** 迎刃而解

qiū

秋　秋　autumn

**字义说明** 秋天；许慎解释，谷物成熟的时节，由禾与爐（jiāo）组合而成。
**说文解字** "禾谷孰也，从禾，爐省声。"

龜　爐　烑　秋
图1　图2　图3　图4

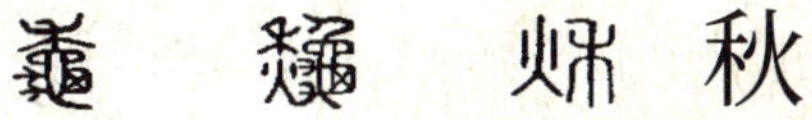

**字形说明** 取稻谷、昆虫与火之形造字。
稻禾下方有一只昆虫（图1）；左下方有一把火，像是用火烧稻谷与昆虫（图2）；左边是火，右边是禾，表示用火烧稻秆的样子（图3）；演变至今，字形线条结构改变：图1、图2、图3→图4。

**常用词汇** 一叶知秋　秋高气爽　老气横秋

lì

利　利　benefit/profit

**字义说明** 利益、利用；许慎解释，磨利农具用来割稻，由禾与刀组合而成。
**说文解字** "铦（xiān）也，从刀，和然后利，从和省。"

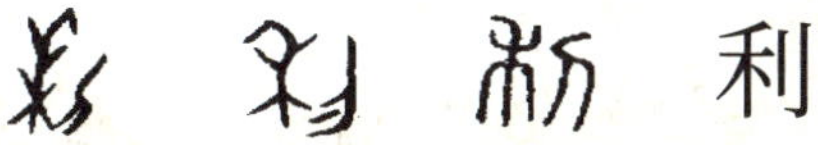

彩　刹　枏　利
图1　图2　图3　图4

**字形说明** 取禾与刀之形造字。
左边是禾，右边是一把刀，像用刀割稻的样子（图1）；保留左禾、右刀的字形结构，而禾与刀之形略有改变：图1、图2、图3→图4。

**常用词汇** 无往不利　急功近利　唯利是图

| 繁体 | 简体 | 英文 |
|------|------|------|

gōng

公　　公　　public

**字义说明**　公有、公平；许慎解释，公代表将事物平分成两部分，由八与
厶（sī）组合而成。

**说文解字**　"平分也，从八，从厶，八犹背也，韩非曰：'背厶为公。'"

　　　公

图1　　　图2　　　图3　　　图4

**字形说明**　取物品划分两半之形造字。

下方一圆形物，上方八代表将物品划分开来（图1）；上半部左右两
边形状一样，强调将物品均分（图2、图3）；演变至今，字形线条略
有改变：图1、图2、图3→图4。

**常用词汇**　大公无私　愚公移山　对簿公堂

繁体　简体　英文

sī

私　私　private

**字义说明**　私有；许慎解释，与稻禾有关，由禾与厶组合而成。

**说文解字**　"禾也，从禾，厶声。"

私　私　私　私
图1　图2　图3　图4

**字形说明**　取稻禾之形造字。
左边是一株稻禾的样子，右边像是将稻秆打结，代表一种记号（图1）；
演变至今，左边仍是稻禾形状，右边记号方式有所差异：图1、图2、
图3→图4。

**常用词汇**　自私自利　假公济私

《便民图纂》收割图。

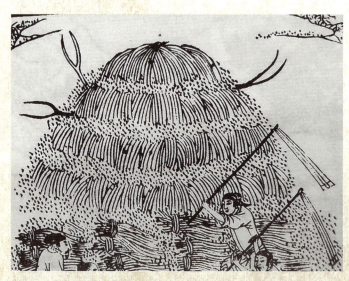

《便民图纂》打稻图。

汉字画四

冬雪之象

汉字

好好玩

生物受气候环境的影响，有些物种只有在热带地区才能生存，有些只能生活在温带地区，而能在寒带地区生存的物种就更少了。考古学者发现，人类分布的范围很广，从炎热的赤道到寒冷的两极，都可以发现古人类生存的遗迹。

人与动物最大的差别，在于动物只能靠迁徙来避寒，比如，许多高山动物会在冬季来临前慢慢移往山下避寒，而人类懂得利用工具来取暖与避寒，所以即便在冰天雪地的区域也可发现古代人类生活的痕迹。

寒带与热带不同的生物特性。

我国北方的冬天极为寒冷，有些地区超过一百天都处于冰天雪地的状态，取暖是生存的一件大事。取暖主要靠的是火源，但有些地方潮湿不易生火，在此情况下，最直接的方式是在室内塞满木柴或干草，如此亦可达到阻隔寒风的效果，从"寒"与"塞"两字可见到古人在艰苦环境下的求生能力。寒的古字 像一个人在屋子中间，四周堆满了草木或柴薪，屋子堆满木柴可有效维持室内温度，让人不至于受寒风侵袭；塞的古字 上半部是一个屋室的外形，中间像一双手在屋内堆砌柴薪的样子，显见古人已经知道干燥的植物可以让人体保存温度，不至于在寒冷的环境中因失温而丧命。所以许多野外求生专家会提醒民众，在寒冷的夜晚或寒冷的地区，若无法生火取暖，至少要用干燥的草

屋室可以阻挡风雪。

火攸关人类的生存。

木或枝叶覆盖身体以维持体温。从汉字的字源，我们可以知道人类生活的进展：最初，屋子塞满木柴是为了挡风避寒，后来渐渐发展出建筑物本身具有保暖的功能。相传汉朝已经出现专门供皇室取暖用的温室，《西京杂记》中记载皇宫内的温室殿保暖效果奇佳，因为建筑物的墙壁是由泥椒砌成。所谓泥椒是将花椒粒磨成细粉，混入筑墙的泥土中，使得壁面发热，因而保暖的效果特别好，汉朝皇室将之称为椒房殿。另外，花椒本身又可以防虫，冬天待在椒房温暖舒服又不时可以闻到花椒的芬芳香气，历任皇后都喜欢待在里头，所以汉代以后"椒房"一词又代表皇后的意思。

雪的形成。

河水开始结冰。

树上挂满了雪。

古人很早就观察到雪的形成和雨水有关，从中国文字里我们可以看到老祖宗的智慧。雪的古字🌧️最上面是雨水，意思是指雨水结冰后所成之象；下半部出现彗，像是手持扫帚拍打冰雪，之所以需要将积雪清除，是为了避免厚雪将屋顶压垮。此时，万物都处于冰冻的状态，冰的古字𝌆左边像是水面结冻的形状，右边像是水流动的样子。古人观察自然界的变化，并将这一变化描绘下来演变为文字，"冬"字本身就是在呈现这样的景象。冬的古字有两种不同的表现形式，最初冬的古字∧呈冰滴状，这是古人画下雪滴的样子；后来演变为𠁥的形象，上半部是脚趾的形状，下半部则代表走过的痕迹，就像在大雪落下后，人在积雪上行走所留下的脚印，这两种画法都是古人对冬天的体悟所描绘出来的形象。

## 汉字画

冬（）季天空不时飘着细雪，河面结成了冰（），人们手拿工具清除屋顶上的积雪（），贫苦人家在屋内塞（）满柴薪，用来挡风御寒（）。

此画由冬、冰、雪、塞、寒等汉字组成。

| 繁体 | 简体 | 英文 |
|------|------|------|
| | bīng | |
| 冰 | 冰 | ice |

**字义说明**　冰冻；《说文》中冰作"仌"，许慎解释，仌就像水面凝结之形。

**说文解字**　"仌，冻也。象水凝之形。凡仌之属皆从仌。"

仌　　水　　冰
图1　　图2　　图3

**字形说明**　取水凝结之形造字。

水面冻结的样子（图1）；左边像已凝结的冰块之形，右边是水流状态（图2）；演变至今，字形线条改变：图1、图2→图3。

**常用词汇**　冰天雪地　冰雪聪明　如履薄冰

| 繁体 | 简体 | 英文 |
|------|------|------|
| | dōng | |
| 冬 | 冬 | winter |

**字义说明** 冬天；许慎解释，指春夏秋冬四季中排在最末的那一季节，由仌与夂（zhōng）组合而成。

**说文解字** "四时尽也，从仌，从夂，夂，古文终字。"

夊 癸 冬 冬
图1 图2 图3 图4

**字形说明** 取结冰之形造字。
冰滴的样子（图1）；冰块结晶的形状（图2）；"夂"代表脚，像人踏过冰雪后所留的痕迹（图3）；演变至今，字形线条结构改变：图1、图2、图3→图4。

**常用词汇** 秋收冬藏

| 繁体 | 简体 | 英文 |
|------|------|------|
| | xuě | |
| 雪 | 雪 | snow |

**字义说明** 冰雪；许慎解释，雨凝结的状态，由雨与彗组合而成。

**说文解字** "凝雨，说物者，从雨，彗声。"

雨 霊 霊 雪 雪
图1 图2 图3 图4 图5

**字形说明** 取雨与手之形造字。
扫帚上有冰滴（图1）；上半部为雨，中间为扫帚形状，最下面是一只手，像手持扫帚拍打冰雪的样子（图2、图3）；只保留雨与手之形（图4）；演变至今，字形线条结构改变：图1、图2、图3、图4→图5。

**常用词汇** 风花雪月　冰雪聪明

| 繁体 | 简体 | 英文 |
|---|---|---|
| | hán | |
| 寒 | 寒 | cold |

**字义说明**　寒冷；许慎解释，天气冰冻严寒，人在屋里用许多的草覆盖四周。

**说文解字**　"冻也，从人，在宀（mián）下，以茻（mǎng）荐覆之下，下有仌。"

$$\text{图1}\quad\text{图2}\quad\text{图3}\quad\text{寒}$$

图1　　图2　　图3　　图4

**字形说明**　取屋檐、草与人之形造字。
屋里四周堆满草堆，有一人曲着身体取暖，最下面的两点代表冰雪的痕迹（图1）；屋里有一双手正在整理草堆或柴薪，下面"仌"代表结冰的形状（图2、图3）；"仌"改为"丶"表示（图4）；演变至今，字形线条改变：图1、图2、图3→图4。

**常用词汇**　一曝十寒　噤若寒蝉　不寒而栗

sāi

塞　塞　to stuff

**字义说明**　堵塞；许慎解释，用以阻隔事物，由宾与土组合而成。

**说文解字**　"隔也，从土，从宾。"

图1　图2　图3　图4

**字形说明**　取屋檐、土堆与手之形造字。

屋里有一双手正在整理、摆放土块或柴堆（图1）；土块或柴堆整齐地摆放在一起，最下面为土堆（图2、图3）；演变至今，字形线条改变：图1、图2、图3→图4。

**常用词汇**　茅塞顿开　塞翁失马

原始人击石取火。

大地一片厚雪。

伐木之象

汉字
好好玩

**政**府施政除了追求经济增长，也应意识到环境保护的重要性，因为环境的破坏已严重威胁到国家生存与发展。在我国很多地区，山坡林地遭受过度开发，每当雨季来临或是台风过境常有泥石流危及生命安全，也严重破坏生态平衡；乱砍滥伐还会导致沙尘暴、

泥石流。

龙卷风等自然灾害频发，有些地区甚至洪水泛滥成灾。其实环保意识不是现在才有，中国早在先秦时期，官府就设有山林保育的专职机构，称之为"山虞（yú）"与"林衡"。山虞负责制定保护山林资源的政令，严禁人们入内乱砍滥伐；林衡则为山虞的下级机构，其职责是负责巡视山林，执行禁令。

砍伐工具。

中国古代伐木讲究时机，只有在秋天树叶将落或果实成熟后才允许百姓伐木。当时最常使用的砍伐工具为 𣂑（斤），斤就是斧头。斤是由铁铸造而成，有一定的重量，后来成为重量的单位词。古代农庄处处可见斤斧，是不可或缺的农具或猎具。古人将常用的工具放在住所外，所的古字 𠩄 左边的"户"即代表门的意思，右边的"斤"就像门户外挂着一把斧头；而"所"这个字还有另一个功能，即代表声音，就像锯木时所发出"所所所……"的声响。先民分析树木的生长特性后，发现秋季才是伐木的好时机，若在春夏两季入山伐木，木材容易

古代石斧。

生虫腐烂而无法长期使用，析的古字枂左边是一棵树木，右边是一把斧器，像用斧头劈开木头后剖析木材质地纹路的好坏。古人发现木材燃烧后会成

为炭，炭可以提供长期且稳定的火力，且燃烧时产生的烟尘较少。靠着长期的经验累积，古人会拣选出适合制成炭的硬质木材，如橡树、山胡桃之类燃烧后会留下大量的木炭。"拣"（揀）有挑选的意思，是由"柬"演变而来，柬的古字柬中间是木，两侧是手，即用手拣木材的样子；柬的字源是"束"，束的古字束中间是木，外围是绳索，就像用绳子捆绑木材的样子。

农具放在住所外。

拣木材。

　　古人伐薪为炭，《礼记》记载："大者可析谓之薪，小者合束谓之柴。"大的木材可以再劈开制成薪炭，小的树枝当成柴烧。短短一句话，足以说明古人砍树、劈木、拣木、制炭等一连串的工作流程。若不得已要在不适宜的季节伐木，古人就会将这些木材用火烘烤或浸泡在水中一个月以避免产生蛀虫。反观现今，不法商人使用甲醛来防止木材虫蛀或腐化，导致许多的木制家具含有大量的甲醛，国家应严限不良商家滥用这些危害人体健康的化学制剂。

伐木发出"所所所所"的声音。

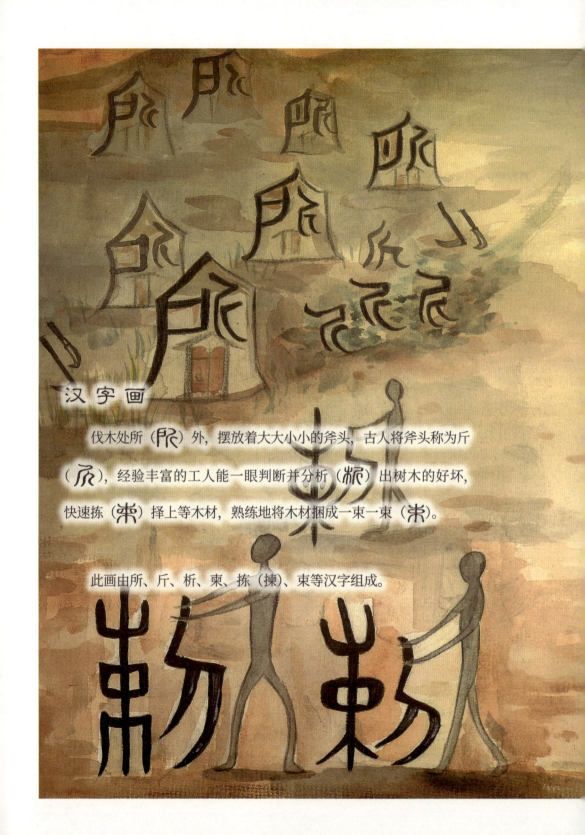

汉字画

伐木处所（所）外，摆放着大大小小的斧头，古人将斧头称为斤（斤），经验丰富的工人能一眼判断并分析（析）出树木的好坏，快速拣（柬）择上等木材，熟练地将木材捆成一束一束（束）。

此画由所、斤、析、柬、拣（揀）、束等汉字组成。

繁体　简体　英文

jīn

斤　斤　unit of weight/half kilogram

**字义说明**　重量或质量单位；许慎解释，用来砍木的斧器称为斤，属于象
　　　　　　形字。

**说文解字**　"斫（zhuó）木也，象形。凡斤之属皆从斤。"

$\quad$ 图1　　　图2　　　图3　　　图4　　　图5

**字形说明**　取斧头之形造字。
　　　　　　一把头部尖锐的工具（图1）；工具外形略有差异（图2、图3、图4）；
　　　　　　演变至今，字形线条改变：图1、图2、图3、图4→图5。

**常用词汇**　斤斤计较　半斤八两

xi

析　　析　to analyze

**字义说明**　分析；许慎解释，将树木砍破称为析，由木与斤组合而成。

**说文解字**　"破木也，一曰折也，从木，从斤。"

图1　　　图2　　　图3　　　图4

**字形说明**　取树木与斧头之形造字。
左侧是树木，右侧是一把斧器（图1，图2）；斧器形象改变，演变为"斤"之形（图3）；演变至今，字形线条改变：图1、图2、图3→图4。

**常用词汇**　分崩离析

suǒ

所　　所　place

**字义说明**　处所；许慎解释，伐木时造成的声音，由斤与户组合而成。作者认为此字应与处所外摆放斧头有关。

**说文解字**　"伐木声也，从斤，户声。"

图1　　　图2　　　图3　　　图4

**字形说明**　取户与斤斧之形造字。
左半部是半扇门，即"户"的形状，右半部是一把斧头，像门口摆放一把斧头的样子（图1）；保留左"户"右"斤"的结构，字形线条略有改变：图1、图2、图3→图4。

**常用词汇**　随心所欲　匪夷所思　无所顾忌

| 繁体 | 简体 | 英文 |
|------|------|------|

束　　束 shù　　to tie up

**字义说明**　束缚；许慎解释，捆绑的意思，由木与口组合而成。

**说文解字**　"缚也，从口，木。凡束之属皆从束。"

束　　朿　　束
图1　　图2　　图3

**字形说明**　取树木与绳子之形造字。
在木头中间围上一圈（图1）；代表一捆木材的样子（图2）；演变至今，字形线条改变：图1、图2→图3。

**常用词汇**　束之高阁　束手就擒　束手无策　无拘无束

jiǎn

柬　　柬　　letter/card

**字义说明**　书柬、请柬；拣的字源；许慎解释，有挑选的意味，由束与八组合而成。

**说文解字**　"分别简之也，从束，从八。"

東　　東　　柬　　柬
图1　　　图2　　　图3　　　图4

**字形说明**　取树木之形造字。
将木材捆成一圈，中间两撇（八）象征手的形状（图1）；中间的手改用点来代表（图2、图3）；演变至今，字形线条改变：图1、图2、图3→图4。

jiǎn

揀　　拣　　to choose

**字义说明**　挑选。

**说文解字**　无。

東　　東　　柬　　揀
图1　　　图2　　　图3　　　图4

**字形说明**　取树木与手之形造字。
将木材捆成一圈，中间两撇八象征手的形状（图1）；中间的手改用点来代表（图2，图3）；左边加提手旁，强调用手挑选木材的样子（图4）。

**常用词汇**　挑肥拣瘦

将大树锯开。

古代运木材的木马道。

汉字画六

蛇卵之象

汉字好好玩

中国人见面时的问候语，反映出不同时代人民的生活状况，像老一辈人碰面时，总习惯相互问候"吃过饭了吗？"或"吃饱没？"简单一句问候语显见在物质缺乏的时代，有饭吃或者能吃饱，才是大家最关心的事。若将时间向前推到远古时期，我们会发现当时人们的问候语是"无它？"这透露出古代一种惧蛇的心态，它是指蛇，它的古字 🐍 画出蛇头、蛇身与蛇尾的形状，意思是问有没有蛇。"它"左边加上一个"虫"即成了"蛇"字，蛇的古字 🐍 画出两条蛇的样子，表示蛇很多。远古时代遍地荒烟蔓草，蛇容易藏身其中，蛇不只生命力强，种类也多，不但有陆蛇，也有水蛇。从陆地到水里都能见到蛇的踪迹，人在不知情的情况下容易被蛇攻击，轻者遭受皮肉伤，重则危及生命，以致古代先民对蛇充满恐惧，所以见面时会互相提醒附近有蛇出没。

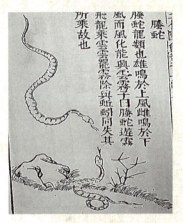

《三才图会》螣蛇图。

《三才图会》水蛇图。

四川有一条河名为"沱（tuó）江"，沱的古字 🐍 ，左边是河水，右边是一条蛇，字形传达出河中有蛇的意涵，代表这条河川在远古时期水里有许多蛇，而四川地区气候环境湿润，的确适合蛇类生存与繁衍。蛇又被称为"小龙"，有时被视为龙的化身。中国人自古以"龙的传人"自居，然而至今仍无法考证龙的真实模样，但有些少数民族的历史典故中提到他们是"蛇的传人"，更发展出崇蛇

原始传说中人首蛇身图。

陶器上蛇纹造型。

蛇卵。

文化。有些民族崇敬毒蛇，有些民族则崇拜无毒的蛇，这些民族认为祖先会化成蛇形保护子孙，族人将蛇视为保护神，若住所附近有蛇出没则代表是好事，因为老鼠会偷吃谷物，造成粮食短缺，蛇是老鼠的克星，蛇的出现可以保护谷仓不受老鼠的破坏，所以族人常把蛇的图腾刻画在建筑物或是绣在衣物上，有些甚至直接将蛇形文在身上。

当人们对蛇愈了解，运用的范围也就愈广，不仅食用蛇肉，还利用蛇皮制成各类生活用品，甚至将它用于医疗——医院中的抗毒血清，就是从毒蛇的毒液中提取而来。随着蛇的经济价值日益扩大，就出现了专门的人工养殖、孵化蛇卵，卵的古字 卵 中间代表蛇身，两侧半圆形就像蛇的卵，蛇每次可以产下十多颗卵，也曾发现有大蟒蛇一次可产下近百颗卵。蛇卵是人类摄取蛋白质的来源之一，也可以孵化养大。蛇肉可食，蛇皮可用，它不再代表恐怖，而是成为造福人类生活的一部分。

卖蛇肉汤的招牌。

# 汉字画

古人将蛇称作它（它），在沱（沱）江边常有成群水蛇（蛇）出没，

每到夏天更是蛇产卵（卵）的季节，河岸居民忙着拽扡（tuō，扡）蛇群。

此画由它、沱、蛇、卵、扡等汉字组成。

| 繁体 | 简体 | 英文 |
|------|------|------|
| 蛇 | shé<br>蛇 | snake |

**字义说明**　蛇；许慎解释，上古时代称蛇为它。

(**说文解字**)　"它，或从虫。"

图1　　　图2　　　图3

**字形说明**　取蛇之形造字。

画出蛇的头、身与尾巴（图1）；画了两条蛇（图2）；演变至今，字形线条改变：图1、图2→图3。

**常用词汇**　杯弓蛇影　虎头蛇尾　打草惊蛇

tuō

扡　扡　to drag

**字义说明**　拽拖；许慎解释，用手拉拽的样子，由手与它组合而成。现今以"拖"字代表。

**说文解字**　"曳也，从手，它声。"

图1　　图2　　图3

**字形说明**　取手与蛇之形造字。

　　像有个东西勾住下面的蛇（图1）；左边是手，右边是蛇，手抓住蛇的样子（图2）；演变至今，字形线条改变：图1→图2→图3。

tā

它　它　it

**字义说明**　代名词，称人以外的事物；蛇的字源；许慎解释，一种身体弯曲且长的虫，上古时代，草丛里易躲藏蛇群，人们出门时会相互提醒、询问是否有蛇出没。

**说文解字**　"虫也，从虫而长，象冤曲垂尾形，上古艸居患它，故相问无它乎。凡它之属皆从它。"

图1　　图2　　图3　　图4　　图5

**字形说明**　取蛇之形造字。

　　上半部是人的脚部形状，下半部代表一条蛇，蛇攻击人的脚部（图1）；画出蛇头、蛇身与蛇尾（图2、图3）；演变至今，字形线条改变：图1、图2、图3、图4→图5。

繁体　简体　英文

luǎn

卵　卵　egg/spawn

**字义说明**　卵；许慎解释，有些动物或昆虫生育下一代时，以卵（蛋）形呈现，即称为卵生。

说文解字　"凡物无乳者，卵生，象形。凡卵之属皆从卵。"

图1　　　图2　　　图3

**字形说明**　取卵（蛋）之形造字。

左右两边半圆状蛋形，中间两条线象征动物的身躯（图1、图2）；演变至今，字形线条改变：图1、图2→图3。

**常用词汇**　杀鸡取卵　以卵击石

繁体　 简体　 英文

tuó

沱　沱　tributary of a river

**字义说明**　沱江；许慎解释，沱江出自于岷（mín）山东侧支流，由水与它组合而成。

**说文解字**　"江别流也，出嵋（注：mín，同岷）山东别为沱，从水，它声。"

图1 　　图2 　　图3 　　图4

**字形说明**　取河水与蛇之形造字。

左边代表河流的河水，右边是一条蛇，即河边有蛇出没（图1）；

水流与蛇形线条结构略有改变（图2、图3、图4）。

汉字画七

谷岳之象

汉字
好好玩

水是人类维系生命的重要元素，人可以连续十天不吃东西，却不能三天不喝水。近百年来人类对大自然的破坏，造成各地气候异常，有些地区甚至出现少有的旱象。科学家预言人类未来将会上演水资源的争夺战，因为谁掌握了水源，谁就能确保国家的生存与发展。的确，考古人员发现，水源处常能找到古代人类生活的遗迹，世界四大古文明的起源都与水有关，中国的黄河、印度的恒河、埃及的尼罗河、古巴比伦的两河流域，人类的文明依附着河流慢慢地展开。时至今日，文明古国多已凋零，但这些河流现今依然影响着无数人的生活。

黄河。

峡谷。

瀑布。

黄河是中国的母亲河，之所以称为黄河，与河水混有大量的泥沙、水质呈黄色有关。黄河的源头位于青海巴颜喀拉山，此处高山耸立，流水峻急，经过长期向下侵蚀后就容易形成峡谷。据统计，黄河源头有三十几处大型的山脉峡谷，谷的古字像高山相叠，上半部代表两侧的山脉，下半部是凹陷的深渊，山与山之间的夹道就成了河谷或山谷。当高山积雪融化或下雨过后，水在山谷中流动而形成泉水，这些高原峡谷就是瀑布泉水的源头。“原”与“泉”是两个高度相关的字，原的古字像是山崖壁面的水倾泻而下，强调水从山顶而来；泉的古字像水流源源不断。《说文解字》：“泉，水原也，象水流出成川形。”

许慎对这个字的解释很贴切，汉字并非单独存在，字与字之间是有关联的，在《汉字好好玩 1·山川之象》中也描绘了高山被流水侵蚀后形成河川的景象。泉不是到处都有，要在特定的地形才会出现泉水，在山区和丘陵的沟谷就容易有泉水产生。

泉水地形剖面图。

其实，黄河源头的水质清澈洁净无比，然而经过黄土高原后，水流挟带了大量的泥沙，河水才渐渐变得混浊。黄河绵延千里，流经大大小小的山岳与丘陵，"丘"与"岳"虽然都是形容山，但依照山势高低大小两者又有所差异，低矮一点的山称为"丘"，高大的山峰称为"岳"。丘的古字 ⿱ 、⿲

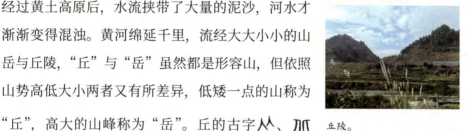

丘陵。

就像是平地出现两座并立的山，周围较高，中间较低。许慎解释："土高为丘。"也就是说，平地上自然形成的土堆可以称之为丘。岳的古字 ⿱ 就像一高一低两座山，山峰相叠有高低起伏之势，更显得高耸雄伟。这些高山是历代皇帝最常巡狩的地方，也是为了彰显尊贵与独特。古人又将"岳"

《三才图会》古代山岳图。

写作"嶽"，许慎特别提到："王者之所以巡狩至，从山、狱声。岳，古文，象高形。"中国著名的五"嶽"为东岳泰山（山东）、西岳华山（陕西）、中岳嵩山（河南）、北岳恒山（山西）及南岳衡山（湖南）。只要通过简单的线条，就能表现出山形自然的景象，又因人文的变化而创造出不同的字形与字义，这就是汉字的魅力所在。

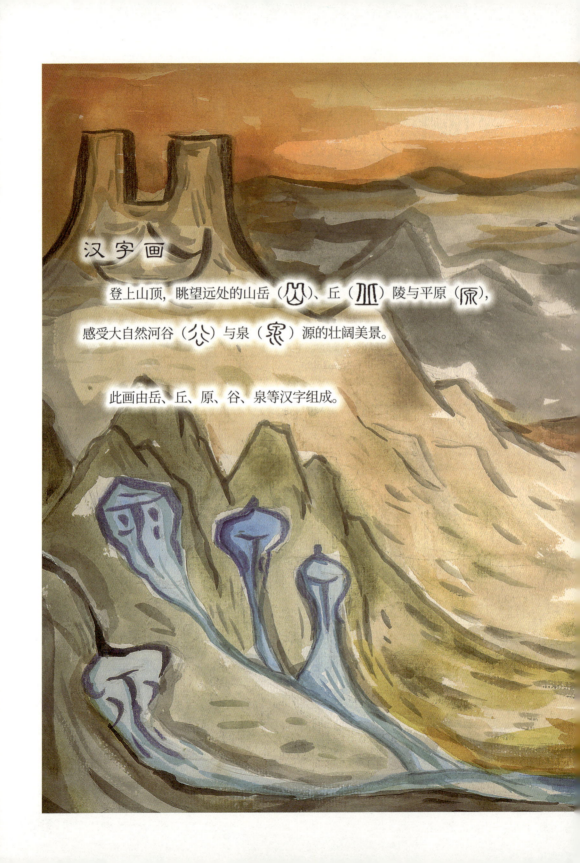

## 汉字画

登上山顶，眺望远处的山岳（岳）、丘（丘）陵与平原（原），

感受大自然河谷（谷）与泉（泉）源的壮阔美景。

此画由岳、丘、原、谷、泉等汉字组成。

 繁体　 简体　 英文

quán

泉　　泉　　springs

**字义说明**　泉水；许慎解释，水的源头处，水流出的地方逐渐形成河川。

**说文解字**　"水原也，象水流出成川形。凡泉之属皆从泉。"

圆　　圆　　圆　　泉
图1　　图2　　图3　　图4

**字形说明**　取水泉之形造字。
　　　　　　山壁间有水流（图1）；上半部山壁结构变小，下半部河水线条变长（图2）；山壁与河水比例相似（图3）；演变至今，字形线条改变：图1、图2、图3→图4。

**常用词汇**　含笑九泉　涌泉相报

| 繁体 | 简体 | 英文 |
|---|---|---|
|  | gǔ |  |
| 谷 | 谷 | valley |

**字义说明** 山谷、河谷；许慎解释，山区泉水流出后所形成的河川为谷。

**说文解字** "泉出通川为谷，从水半见，出于口。凡谷之属皆从谷。"

谷　公　谷　谷

图1　　图2　　图3　　图4

**字形说明** 取山谷之形造字。

上半部呈现山脉相叠的样子，下半部有一出水口（图1，图3）；两层山脉相叠，下半部出水口呈凹谷状态（图2）；演变至今，字形线条略有改变：图1、图2、图3→图4。

**常用词汇** 虚怀若谷　进退维谷

| 繁体 | 简体 | 英文 |
|---|---|---|
|  | yuán |  |
| 原 | 原 | origin |

**字义说明** 原本；许慎解释，水流源头，泉、原、源是同一字。

**说文解字** "水泉本也。从灥（xún）出厂（hàn）下。篆文从泉。臣铉（xuán）等曰：'今别作源，非是。'"

原　灥　原　原

图1　　图2　　图3　　图4

**字形说明** 取泉水与山崖之形造字。

山崖壁有石块（图1）；山崖壁面出现三处水流，像大瀑布水势湍急（图2）；山崖壁面有一处水流滚滚而下的瀑布（图3）；演变至今，字形线条略有改变：图1、图2、图3→图4。

**常用词汇** 问鼎中原　原形毕露　情有可原

繁体　简体　英文

yuè

岳　岳　high mountain

**字义说明**　山岳；许慎解释，高大的山。

**说文解字**　"古文，象高形。"

凸　岳

图1　　图2

**字形说明**　取山之形造字。
　　　　　　像两座高大的山峰上下相叠（图1）；演变至今，字形线条改变：图
　　　　　　1→图2。

**常用词汇**　三山五岳　海岳高深

qiū

丘　　丘　　hill

**字义说明**　山丘；许慎解释，天然形成的山丘，非由人力堆积而成，由北与一组合而成。

**说文解字**　"土之高也，非人所为也，从北，从一。一，地也。"

图1　　图2　　图3　　图4

**字形说明**　取山高低起伏之形造字。

两座山峰前后相叠（图1）；两座山峰并排（图2，图3）；演变至今，字形线条结构改变：图1、图2、图3→图4。

**常用词汇**　一丘一壑　胸有丘壑

台湾九份的黄金瀑布。

山岳。

攀岩之象

汉字
好好玩

徒手攀岩。

　　如今欧美流行一种名为攀岩的极限运动，人们将攀岩当成挑战自我体力与毅力的考验。其实早在远古时期，人们就懂得攀岩，但攀岩的目的不是为了休闲娱乐，而是生存所需，为了寻找水源、食物、药材或者躲避各类灾难，才会冒险攀山越岭。在我国西南地区，还生活着一群善于徒手攀岩的人，他们为了采集山壁上的燕窝，仅凭双手双脚沿着峭崖攀爬，没有任何保护措施。他们从小练就了极佳的攀爬能力，集胆识、体力、耐力、平衡感等于一身，才能克服各种障碍游走于高山峻岭间。

土质山壁一层一层，像"𨸏"的形状。

　　世界各地到处都有悬崖峭壁，这些峭壁都是攀岩者想要征服的目标，然而专业的攀岩者必须了解每座山的特性，才可能攀岩成功。古人观察山的地势起伏与构造，依地质结构将高山丘陵分为岩质与土质两种："有石而高者"称作"山"，"无石者"则为"阜"。阜的古字𨸏就像是山壁一层一层往上堆叠，后来字形演变为"阝"，汉字里只要出现"阝"多与高山有关。山峦层层叠叠、高高低低，依山势大小又分为丘与陵，地势低矮一点的称为丘，而地势起伏较大的山阜则称为陵。陵的古字𨹐左侧是山阜，右下特地画出"夂"代表脚，意思是指地势起伏较大，人在山中

山陵中徒步迁移。

缓慢步行移动。由于这些丘陵地势独特，所以古代帝王的坟墓都选在这些大山里，称为陵墓或陵寝。此外，古人将山势较陡峭或临水岸的那一面称为崖，崖的古字崖上半部是一座山，中间是山壁，下半段是指土块或土堆，就像是土堆层层地堆积而形成的大山，字形上有两个土字，让人可以感受到山崖高大陡峭的形象。

陡峭的山崖。

攀岩须具备高超的技术，是人体协调度发挥到极限的代表，在岩壁上不管是向上爬还是往下降，都存在极大的危险。古人将从低往高处走称为"陟（zhì）"，陟的古字𨸏左边是山，右边是两只脚趾向上，象征人向上登高；相反，若从高往低处走则称作"降"，降的古字𨺵右边两只脚趾往下，表示人往下方移动。𨸏与𨺵这两个古字相似度很高，左侧都是𨸏代表山壁，右边则是两个脚趾形象，只是脚趾的方向不同，一个往上（𡳿），另一个往下（𡕢）。用脚趾的方向清楚地表示向上或向下，汉字真是既有趣又富有逻辑性。

从高往低处称为"降"。

从低往高处称为"陟"。

## 汉字画

陡峭的山崖（崖）是攀岩者的最爱，攀岩者于山阜（阝）岩壁间上下陟（陟）降（降），在山陵（陵）中享受攀爬的乐趣。

此画由崖、阜、陟、降、陵等汉字组成。

繁体　简体　英文

jiàng

降　降　to descend

**字义说明**　落下；许慎解释，由高往低的方向移动，由皀与夅组合而成。

**说文解字**　"下也，从皀，夅声。"

图1　图2　图3　降
图1　图2　图3　图4

**字形说明**　取山崖侧边与脚之形造字。

左边是陡凸的山崖，右边是两只脚，脚趾朝下，代表人沿着山壁往下的样子（图1、图2）；夅是由脚的形状演变而来（图3）；演变至今，字形线条改变：图1、图2、图3→图4。

**常用词汇**　喜从天降

zhì

陟　陟　to ascend

**字义说明** 登高；许慎解释，由低向高的方向移动，由阜与步组合而成。

**说文解字** "登也，从阜，从步。"

图1　图2　图3　图4

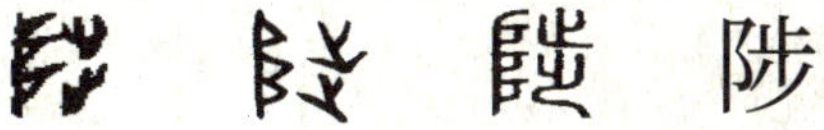

**字形说明** 取山崖与脚之形造字。

左边是陡凸的山崖，右边是两只脚，脚趾朝上，代表人沿着山壁往上行进的样子（图1）；步是由上下两个"止"演变而来（图3→图4）；演变至今，字形线条改变：图1、图2、图3→图4。

**常用词汇** 陟罚臧否

fù

阜　阜　mound

**字义说明** 山阜；许慎解释，没有石头的山称为阜，是个象形字。

**说文解字** "大陆，山无石者，象形。凡阜之属皆从阜。

图1　图2　图3

**字形说明** 取山崖壁突出土石块之形造字。

像山壁突出且陡峭的样子（图1）；一阶一阶井然有序的陡坡山壁（图2）；演变至今，字形线条改变：图1、图2→图3。

**常用词汇** 物阜民丰

繁体　简体　英文

崖　崖　cliff
　　yá

**字义说明** 山崖；许慎解释，高山边缘，由厂与圭组合而成。

**说文解字** "高边也，从厂，圭声。"

图1　图2　图3　图4

**字形说明** 取山壁之形造字。

山壁顶端呈现平坦状，中间土堆代表陡峭的壁面（图1、图2）；在原本的结构上，再加一座山形，有山峦相叠的效果（图3）；演变至今，字形线条改变：图1、图2、图3→图4。

**常用词汇** 悬崖勒马

| 繁体 | 简体 | 英文 |
|---|---|---|

líng

陵　　陵　　rolling mountains

**字义说明**　丘陵；许慎解释，高高低低起伏连绵的大山，由𨸏与夌组合而成。

**说文解字**　"大𨸏也，从𨸏，夌声。"

图1　　图2　　图3　　图4

**字形说明**　取山崖与人之形造字。
左边有一个人靠着山壁，脚趾特别突出（图1）；左边是山壁形状，右边人变成山，仅留人脚趾形象（图2、图3）；演变至今，字形线条改变：图1、图2、图3→图4。

**常用词汇**　深谷为陵

岩块构造的高山。

擅长攀岩的部落居民。

汉字画九

望看之象

人类的历史其实就是一部战争史，不论是为了扩张领域，或是为了生存发展都要面临不同的战斗。中国古代兵法书籍《孙子兵法·谋攻篇》强调"知己知彼，百战不殆（dài）。"对敌我双方的情况都能了解透彻，打起仗来才有胜算。孙子将山川丘陵分为"通、挂、隘（ài）、支、险、远"六大地形，面对不同的地形须谋划不同的战略，所以战前须事先察看地形。现代有卫星科技帮助人们勘察地形地势，在古代只能靠人的眼力来判断。"看见"是一组常用词汇，虽然两个字都与眼睛有关，但"看"与"见"所指的视觉距离不同，"看"是指远距离，

地形图。

勘察地形。

强调手部动作；"见"是指近距离，强调身体姿势，从古象形文字中就可以发现两者差异。看的古字眢上方是只手，下面是只眼睛，强调手放在眼睛上头，就像《西游记》里的孙悟空眺望远处时，会将手掌放置在眼睛上方，用以遮挡光线让视觉聚焦。见的古字罗上半部强调大眼睛，下半部是一个人侧身的形象，由于距离较近，所以可清楚见到对方的相貌。

远看。

《孙子兵法·计篇》强调掌握"天时与地利"才有战胜的机会。除了勘察掌握地形的情况外，更须时时观察星象以判断气候的变化，有时风向

也能影响战争的成败。《三国演义》中"借东风"，就是孔明参酌天时的变化，才成就了中国历史上以少胜多的著名战例——赤壁之战。参的古字 🔣 画人侧身形象，🔣、🔣 上半部是三颗星，下半部是人侧面模样，就像人观察星象的样子。古人将宇宙星体分为二十八星宿，"参星"便是其中一组星群，参星被称为将军星，三星并列就代表三位将军，星体明亮代表国家有忠臣良将出现。古人为了观察日月星辰的变化必须置身高处，所谓登高望远，望的古字 🔣、🔣，右上是个月亮，下半部是一个人侧身的形象，就好像人站在土堆上望着月亮。远古先民早就有探查星空奥秘的企望，企的古字 🔣 画一个侧身的人形，下面是人的大脚趾，就像人时时刻刻想努力地往上攀爬，企望追求更好的生活。

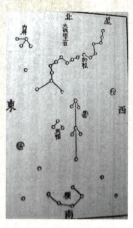

《三才图会》星宿图。

《三才图会》月望图。

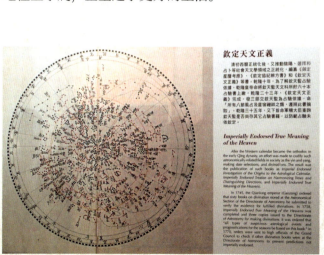

宇宙星象图。

**欽定天文正義**

清初西曆正統化域，又摧動陰陽、選擇和占卜等社會天文學領域之正統化，編纂《御定星曆考原》、《欽定協紀辨方書》和《欽定天文正義》等書。乾隆十年，為了解數天文數占驗依據，乾隆皇帝命將欽天監天文科所列六十本占驗書上繳。乾隆二十三年《欽定天文正義》完成，曾三部交欽天監為占驗依據，乾隆三十五年，又下旨命軍機大臣會同款欽天監是否尚存其它占驗書籍，以防載占驗未依欽定。

**Imperially Endorsed True Meaning of the Heaven**

After the Western calendar became the orthodox in the early Qing dynasty, an effort was made to codify such astronomically-related fields in society as the yin and yang, making date selections, and divinations. The result was the publication of such books as *Imperial Endorsed Investigation of the Origins to the Astrological Calendar, Imperially Endorsed Treatise on Harmonizing Times and Distinguishing Directions,* and *Imperially Endorsed True Meaning of the Heavens.*

In 1745, the Qianlong emperor (Gaozong) ordered that sixty books on divination stored at the Astronomical Section of the Directorate of Astronomy be submitted to verify the evidence for fulfilled divinations. In 1758, *Imperially Endorsed True Meaning of the Heavens* was completed, and three copies issued to the Directorate of Astronomy for making divinations. It was ordered that "all types of auspicious astrological events and prognostications for the seasons be based on this book." In 1770, orders were sent to high officials of the Grand Council to check if other divination books were at the Directorate of Astronomy to prevent predictions not imperially endorsed.

## 汉字画

在黑夜中布局兵力，山上的士兵利用月光从山顶眺望（望）远方，窥见（见）敌军动态，山下的士兵仰看（看）山上情势，并观测天象做好参（参）战准备，企（企）图趁着黑夜向山顶进攻。

此画由望、见（見）、看、参（參）、企等汉字组成。

繁体 （看）　简体 （看）　英文 （英文）

kàn

看　　看　　to look

字义说明　看见；许慎解释，有远望的意思，由手与目组合而成。

说文解字　"睎也，从手下目。"

屵　屵　看
图1　　图2　　图3

字形说明　取手与眼睛之形造字。
上面是一只手，下面是眼睛，手放在眼睛上方，有远眺的样子（图1）；
左上侧保留手形，右下侧眼睛改为直竖的"目"（图2）；演变至今，
字形线条改变：图1、图2→图3。

常用词汇　刮目相看

jiàn

見　见　to see

**字义说明**　看见；许慎解释，看、视的意思，由目与儿（rén）组合而成。

**说文解字**　"视也，从儿，从目。凡见之属皆从见。"

图1 　　图2 　　图3 　　图4

**字形说明**　取人体与眼睛之形造字。
画一个人侧面的形象，并强调有一个大眼睛，像张大眼睛看东西的样子（图1）；下半部像人趴伏的样子（图2）；上半部眼睛改成直竖的"目"（图3）；演变至今，字形线条改变：图1、图2、图3→图4。

**常用词汇**　见贤思齐　见异思迁　真知灼见

wàng

望　望　to gaze/to hope

**字义说明**　眺望、望见；许慎解释，望向远处，希望出门在外的家人可以平安地回来，由亡与望组合而成。

**说文解字**　"出亡在外，望其还也，从亡，望省声。"

　　　望　望　望
　　图1 　　图2 　　图3

**字形说明**　取人与月亮之形造字。
下半部有一个人站在土堆上，抬头看向远处，右上方有一个月亮，像在月光下瞭望远方的样子（图1）；左上出现"臣"的形状，代表眼睛的意思，有强调用眼睛瞭望的效果（图2）；演变至今，字形线条改变：图1、图2→图3。

**常用词汇**　东张西望　德高望重　望眼欲穿

| 繁体 | 简体 | 英文 |
|------|------|------|
| 企 | 企 qì | to attempt |

**字义说明** 企图；许慎解释，人抬起脚的样子，由人与止组合而成。

**说文解字** "举踵也，从人，止声。"

> 图1     图2     图3     企 图4

**字形说明** 取人之形造字。

人侧面站立，强调脚底往上抬的样子（图1、图2）；人与脚之形改变，以"止"代表脚趾形状（图3）；演变至今，字形线条改变：图1、图2、图3→图4。

繁体　简体　英文

cān

参　参　to call on/to participate

**字义说明**　参见、参加；许慎解释，星星的名字，由晶与㐱组合而成。

**说文解字**　"商星也，从晶，㐱（zhěn）声。"

昪　昪　暈　參

图1　　图2　　图3　　图4

**字形说明**　取人与星星之形造字。

上面用三个圆圈代表三颗星星，下面是一个人侧面跪坐的样子（图
1）；用厶或日来代表星星的形状，人的形体呈弯曲状态（图2、图
3）；演变至今，字形线条改变：图1、图2、图3→图4。

**常用词汇**　疑信参半

宇宙星辰。

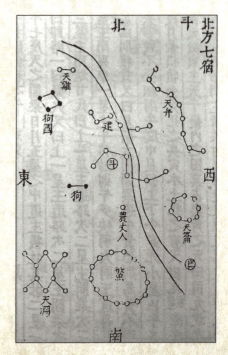

《三才图会》星宿图。

汉字画 十

射箭之象

汉字
好好玩

**周**朝推行封建制度，将贵族分为公、侯、伯、子、男五等爵位，"侯"属于第二等级的爵位，封地可占百里之广。最初的官位分封是依个人的战功而定，后来加官晋爵的渠道越来越多，例如通过射箭比赛取得的爵位称为"射侯"，即射为诸侯之意，只

《三才图会》古代射箭图。

要射中靶标最多者就能获得官位品阶。然而，"射侯"最初的概念其实与巫师的诅咒有关。上古时期有些诸侯反叛，不愿来朝贡，国君便命人将诸侯的样貌画下来，由巫师念咒，并让大家拿起弓箭朝画像射击，"侯"的画像就成了箭靶。侯的古字，上半部"厂"代表一面箭靶，下半部"矢"代表箭形，就像箭射中靶面的样子。古时箭又称为"矢"，矢的古字画出一支完整的箭形，最上端代表尖锐的箭头，中间代表箭杆，尾端箭羽具有控制方向的作用。《考工记》提到，专门制造箭矢的工人也被称为"矢人"，他们依照不同的用途来制造各式的弓箭，若是战争用的箭矢，箭头较重，利于近距离射击，力道强且杀伤力大；若是用来射鸟禽的箭，箭头必须较轻一些。古代制作弓箭已经是一项成熟的工艺技术。

石制箭矢。

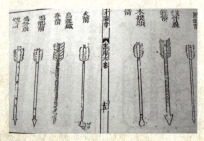

《三才图会》各种箭。

　　（侯）这个字形最初是画箭与箭靶的形象，后来再加上"人"的形象，即这代表射箭已不仅是用于打仗

或捕猎动物，而且提升为一项重要的人际活动，并设定了一套规范，古称之为"射礼"。射箭在古代有许多的礼节要求，从服装到工具都必须依照位阶高低而有不同的安排，连靶面的材质都有相关规定，像天子的靶面必是熊虎豹的皮，诸侯射熊虎皮，大夫射麋鹿皮，一般士人的靶面则是用布画上鹿与野猪的图样。射箭比赛多选在郊外举办，以射鸟为目标，场地会选在鸟类常飞越或聚集之处。许慎将鸟类从高处往地面飞称为"至"，至的古字 就像鸟头朝地面飞。古人造字善用隐喻，像屋（屋）、室（室）两字下半部都是"至"，许慎解释："室屋者，人所至而止也"，强调人与鸟儿一样都要有停留休憩之处。然而，现今有文字学者认为 比较像是箭头落下的样子。由于汉字是一种极简约的线条，文字学者对物体形象各有解读，有时必须依赖更多的出土文物，才能佐证"至"是鸟往下飞或者指箭落下。若照许慎的解释，"至"代表鸟往地面飞，当聚集在洞穴数量太多时，就会形成阻塞的现象，古人以室这个字来代表，室的古字 就像鸟朝下飞在洞穴停留的样子。

野猪与鹿图形的靶面。

马背上射箭。

射鸟图。

# 汉字画

古代君侯（猴）们常举行各种射箭比赛，射击场上有些箭落至（至）茅草屋（屋）室（室）附近，有些箭飞到远处，窒（窒）塞了洞穴口。

此画由侯、至、屋、室、窒等汉字组成。

繁体　简体　英文

zhì

至　　至　　to / until

**字义说明**　到；许慎解释，鸟从高处往下飞称为"至"，若由低处往上飞称为"不"，属于象形字。有学者认为古字"至"应该与箭有关。

**说文解字**　"鸟飞，从高下至地也。从一，一犹地也，象形。不，上去；而至，下来也。凡至之属皆从至。"

至　　至　　至　　至
图1　　图2　　图3　　图4

**字形说明**　取箭之形造字。
下面一横代表地面，像箭落插在地上（图1、图2、图3）；演变至今，字形线条、角度改变：图1、图2、图3→图4。

**常用词汇**　宾至如归　朝发夕至

wū

屋　　屋　　house

**字义说明**　屋室；许慎解释，人居住的地方，由尸与至组合而成。

**说文解字**　"居也，从尸，尸，所主也。一曰尸，象屋形。从至，至，所至止。室、屋皆从至。"

图1　　图2　　图3

**字形说明**　取屋子与箭之形造字。

上半部是屋檐，下半部是箭插在地面（图1、图2）；演变至今，保留屋檐与箭形的结构，但字形的线条改变：图1、图2→图3。

**常用词汇**　爱屋及乌

shì

室　　室　　room

**字义说明**　屋室；许慎解释，人停留之处，由宀与至组合而成。

**说文解字**　"实也，从宀，从至。至，所止也。"

　　　图4　　图5

图1　　图2　　图3　　图4　　图5

**字形说明**　取屋子与箭之形造字。

画一屋子的轮廓，屋里地面插着箭（图1、图2、图3）；保留屋子与箭的结构，字形线条改变（图4）；演变至今，图1、图2、图3、图4→图5。

**常用词汇**　登堂入室

|  |  |  |
|---|---|---|
| 繁体 | 简体 | 英文 |

zhì

窒　　窒　　to obstruct

**字义说明**　窒息；许慎解释，阻碍不通的样子，由穴与至组合而成。

**说文解字**　"塞也，从穴，至声。"

窒　　窒
图1　　图2

**字形说明**　取洞穴与箭之形造字。
上面是一座洞穴的形象，地面插着箭（图1）；保留洞穴与箭的结构，
字形线条改变：图1→图2。

hóu

侯　　侯　　nobleman

**字义说明**　诸侯、侯爵；许慎解释，春天时节举行射箭比赛，会先将布张开并画上箭靶图样，由人、厂与矢组合而成。

**说文解字**　"春飨（xiǎng）所矦（注：hóu，同侯）也，从人，从厂，象张布，矢在其下。"

图1　　图2　　图3　　图4　　图5

**字形说明**　一面厂形的箭靶，中间插着一支箭（图1、图2）；箭靶上多了一个侧面人的形象（图3）；箭靶上面与左侧各加了一个人的形象（图4）；演变至今，字形线条结构改变：图1、图2、图3、图4→图5。

**常用词汇**　王侯将相

制箭。

元　劉貫道　畫元世祖出獵圖
*Khubilai Khan Hunting*
*Liu Kuan-tao (fl. 13th century), Yuan Dynasty*

元世祖出猎图。

丈量之象

汉字

好好玩

货币尚未发明以前，古人通过以物易物的方式进行交易，我国现在仍有少数部落或族群保留这种交易模式。以物易物仅考虑自身的需求，对于数量多寡、价值高低并不太计较，或者说无衡量的标准，只要双方同意交换即可达成物品的交易。然而随着群居生活的复杂化，以目测判断物品大小、长短或轻重这种粗略的测量方式常使物品交换或交易时产生纠纷，为了解决此问题，古人便发明出不同的测量器物与方法，古代中国将此称为"度量衡"。

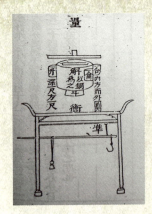

《三才图会》古代度量图。

各朝各代"度量衡"的量测标准不同，历史上也出现过几次较大的改革。春秋战国时期群雄割据、各自为政，各地区所使用的度量计算方式并未统一，常常引起纠纷，秦始皇统一中国后，颁布诏书规定全国"度量衡"的

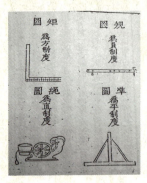

《三才图会》古代测量规矩图。

标准，由官府统一制作计量的标准器具，发放至全国各地区使用。秦汉时期"度量衡"已有明确的规定："度"用来计算长短即长度，分为分、寸、尺、丈、引五个单位；"量"用于计算数量即容量，分为龠（yuè）、合（gě）、升、斗、斛（hú）这五个单位；"衡"用于计算重量，分为铢、两、斤、钧、石（dàn）等五个单位。

在量测工具尚未发明前，古人就近利用身体

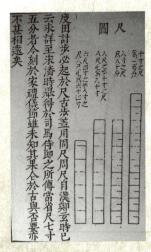

《三才图会》古代尺图。

来测量，从中国文字里即可略见端倪。班固《汉书·律历志》："度者，分、寸、尺、丈、引也，所以度长短。"度的古字 度 上半部"广（yǎn）"代表屋子，中间是一个"廿"形状的测量工具，下半部 彐 即代表手的形状。测量长度的汉字，大多与人体的手部有关。古籍也提到，"布指知寸，布手知尺，舒肘知寻"，意思是说用手就可以测量"寸"与"尺"的长度，若双手同时向左右伸直的长度就代表"寻"。古人将手作为最佳

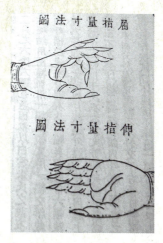

《三才图会》用手测量。

的测量工具，寸的古字 彐 画出手形，手的下方一横代表人体的寸脉处。乡村地区的农民会在下雨过后，挖开田里的土壤，用手指量测土壤的含水量，借以判断雨量的多寡，农民常说的"几寸雨"或"几指雨"，其实就是用手指来测量降雨量。

手测量的形象就像"尺"字。

长度单位通常是采十进位，十寸等于一尺，尺的古字 尺 像大拇指与食指张开的样子。十尺等于一丈，丈的古字 丈，手中握有十字形的测量工具，表示已需要其他工具来协助测量。除了标准的十进位外，有些时候也会依需要发展出其他的单位，例如，八尺为一寻，寻的古字 寻 上下是手的形象，中间是工具，像双手拿工具测量的样子。汉字经过千年演进，字形都已线条化，若从古文字中探源，可发现寸、又、 ⼚ (爪) 等形体皆是从 彐 手形演变而来的。

双手展开的长度代表"寻"。

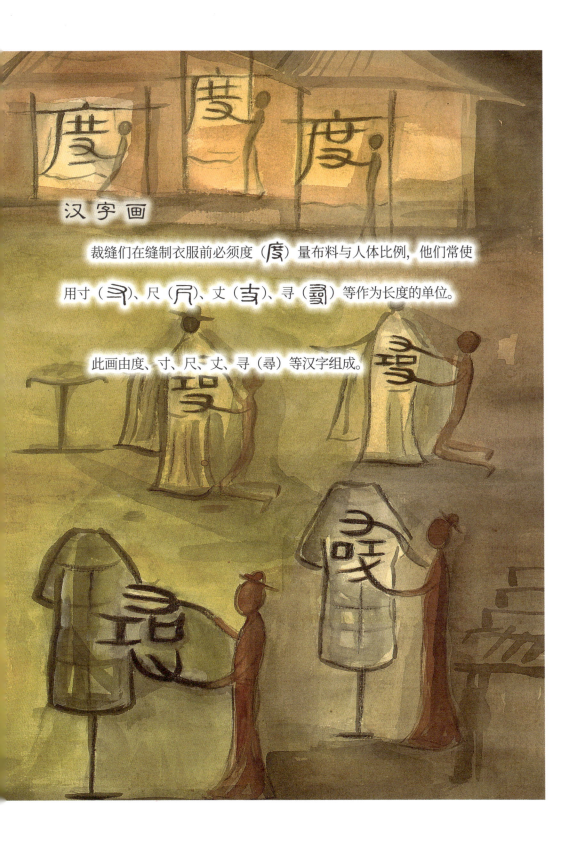

汉字画

　　裁缝们在缝制衣服前必须度（度）量布料与人体比例，他们常使

用寸（寸）、尺（尺）、丈（丈）、寻（寻）等作为长度的单位。

　　此画由度、寸、尺、丈、寻（寻）等汉字组成。

| 繁体 | 简体 | 英文 |
|------|------|------|

cùn

寸　　寸　　⅓ decimeter

**字义说明**　尺寸；许慎解释，人手部动脉处称为寸口，由又与一组合而成。

**说文解字**　"十分也。人手却一寸，动脉，谓之寸口，从又，从一。凡寸之属皆从寸。"

图1　　　图2　　　图3　　　图4

**字形说明**　取手之形造字。
手的形象，下方一横强调手部寸脉之处（图1、图2）；上半部弧形线条变成直线，中间横线以点代替（图3）；演变至今，字形线条改变：图1、图2→图3、图4。

**常用词汇**　寸草不生　寸步不离

dù
度　　度　　to measure

**字义说明**　量测、程度；许慎解释，一种长度标准规范，由又与庶组合而成。
**说文解字**　"法制也，从又，庶省声。"

   度

图1　　　图2　　　图3　　　图4

**字形说明**　取屋室与手之形造字。
屋檐下有一只手，像有人持量尺测量的样子（图1）；上半部字形线条略有差异，下半部　逐渐演变成"又"：图1、图2、图3→图4。
**常用词汇**　置之度外　豁达大度　风度翩翩

zhàng
丈　　丈　　3⅓ meters; to measure

**字义说明**　公丈、丈量；许慎解释，十尺为丈，由又与十组合而成。
**说文解字**　"十尺也，从又，持十。"

古　　　吉　　　支　　　丈

图1　　　图2　　　图3　　　图4

**字形说明**　取手与量具之形造字。
测量尺寸长度的工具（图1）；下半部一只手，上半部"十"代表量尺工具，手拿着量具的样子（图2、图3）；演变至今，字形线条改变：图1、图2、图3→图4。
**常用词汇**　光芒万丈　火冒三丈　一落千丈

| 繁体 | 简体 | 英文 |
|------|------|------|

chǐ

尺　　尺　　⅓ meter／ruler

**字义说明**　尺寸；许慎解释，十寸称为尺，由尸与乙组合而成。

**说文解字**　"十寸也，人手却十分，动脉为寸口，十寸为尺。尺，所以指尺规
榘事也，从尸，从乙，乙所识也。"

　　　尺

　　图1　　　　图2　　　　图3　　　　图4

**字形说明**　取量具之形造字。

最初是画一把量长度的工具外形（图1）；上半部尸像被量测的事物，
乙代表量测的线条（图2、图3）；演变至今，字形线条改变：图1、
图2、图3→图4。

**常用词汇**　垂涎三尺　百尺竿头

繁体　简体　英文

xún

尋　寻　to search

**字义说明** 寻找；许慎解释，从混乱的状况，理出一个头绪，寻（尋）由工、口、又、寸组合而成。

**说文解字** “绎理也，从工口，从又寸。”

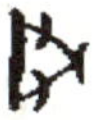
图1

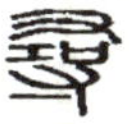
图2

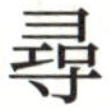
图3

**字形说明** 取双手与工具之形造字。

将两只手张开测量一直线的样子（图 1）；上半部是手，下半部也是手，中间为使用的工具，像双手拿着工具正在测量的样子（图 3）；演变至今，字形线条改变：图 1、图 2 →图 3。

**常用词汇** 耐人寻味　寻根究底

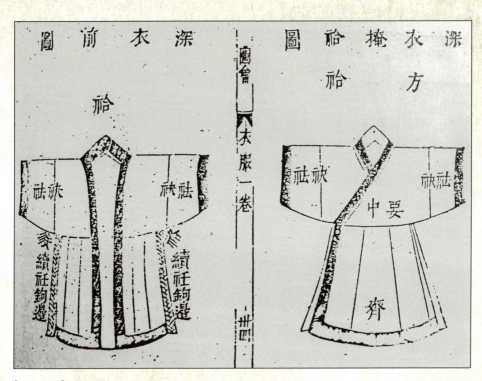

《三才图会》古代服饰。

缝制衣服。

书画之象

汉字

好好玩

中华文化得以传承数千年，与汉字有很大的关系，几千年来中国虽历经无数次的战争与朝代变迁，但文化却能通过文字慢慢地累积不曾中断。根据人类学家的研究，许多国家的文字起源都与图画有关，但随着时代的变迁，许多文字都已消失或改变，唯独中国的文字依然完整地保留下来，这归功于先人创造汉字时的思维，即使后来文字线条改了，本质却没变，让汉字得以永传不朽。

岩壁图像显见书画同源。

古代学堂师生图。

《三才图会》山壁上题字。

汉字是经过长时间粹炼而形成的文字系统，拥有三度空间的思维模式，可以平行，可以上下，也可以里外。当文字不够用时，就有三个面向可以发展延伸，在这个系统内可以满足文字使用上的需求。反观西方的文字系统，大概三百年就会出现较大的变化，因为西方的文字一直跟着语言在变动。文字随着口语不断地转变，因此无法久传。我国各地虽存在不同方言，但文字始终保持不变。汉字能维持数千年，是因为它有一个很清楚的造字脉络，让文字得以保持稳定性且不易变迁。"笔、书、画、昼"这四个字就是一个很好的例子。"萧（笔）""書（书）""畵（画）""書（昼）"，都与"聿（聿，yù）"有关，《说文解字》："聿，所以书也。"即用笔书写之意。"萧（笔）"最初称为"聿"，笔的名称是从秦开始，当时的人发现在树枝或竹子上装上动物毛，书写时线条会变得更灵活且具有多样性，因此毛笔自秦代以后就成为书写的主要工具。另外，書、畫、畫上半部都是聿，像人手拿着笔的样子，下半部所描绘的内容就视各别所需："曰表言"，所以書有书写、书本之意；"田表景"，故畫有绘画、图画之意；"旦表意"，畫如许慎解释的"日之出入，与夜为界"，昼乃指日夜交替，而有昼夜之意。就是因为这样的思维被保留在繁体字中，让汉字得以流传数千年之久。

古人刻字图。

手持竹枝就像"聿"字形。

手持竹枝在地上画图。

"书画同源"系指中国文字与绘画在起源之初有相通之处。汉字的起源的确与图画有关，在图画阶段时线条活泼度较高，限制较少，但当成为文字时，为了稳定与流传就需要规范与固定的形象，因而限制较多。现今"图画"是一组常用词汇，但图与画还是有所差异。图是指图形、图案，从甲骨文就可以看出古人对图这个字的解释，图的古字圖是由四个方形加上简单的线条组合而成的几何图形；而画的古字畫整个字形像是手拿树枝在绘图的样子。中国文字从象形图画开始，其最大特色是"字是画，画是字"，写字时像画图，画图时也像写字，这也是中国书画能独树一帜的原因，繁体字就像是一锅炖了千年的卤肉，弥漫着一股沉积千年的香味，令人回味无穷。

## 汉字画

古人将毛笔称为聿（聿），书画室里大伙手拿着毛笔，有人书（書）写、有人作画（畫），大家不分昼（晝）夜持续创作，已完成的图（圖）案就摆放在桌上。

此画由聿、书（書）、画（畫）、昼（晝）、图（圖）等汉字组成。

| 繁体 | 简体 | 英文 |
|------|------|------|
| | yù | |
| 聿 | 聿 | writing instrument |

**字义说明** 笔；许慎解释，用来书写的工具，古代楚国称为聿，吴国称为不律，燕国称为弗。

**说文解字** "所以书也，楚谓之聿，吴谓之不律，燕谓之弗。"

| 图1 | 图2 | 图3 | 图4 | 图5 |
|-----|-----|-----|-----|-----|

**字形说明** 取手与笔之形造字。
右上为一只手，左边为一支笔，手握笔的样子（图1）；有时左手握笔，有时右手握笔（图2、图3）；演变至今，字形线条改变：图1、图2、图3、图4→图5。

**常用词汇** 岁聿其暮

繁体　简体　英文

tú

圖　图　picture/chart

字义说明　图画、版图；许慎解释，计划的开始都是比较困难的，由口（wéi）与啚（bǐ）组合而成。

说文解字　"画计难也，从口，从啚。啚，难意也。徐锴曰：'规画之也，故从口。'"

图1 　　图2 　　图3 　　图4

字形说明　取图纹线条造字。
在一个范围里，画上线条呈现几何图形（图1、图2、图3）；演变至今，字形线条改变：图1、图2、图3→图4。

常用词汇　发奋图强　唯利是图　按图索骥

繁体　简体　英文

shū

書　书　to write/book

字义说明　书写、书本；许慎解释，在竹帛上书写称为箸（zhù），由聿与者组合而成。

说文解字　"箸也，从聿，者声。"

書　書　書　書

图1 　　图2 　　图3 　　图4

字形说明　取手、笔与图文之形造字。
上半部是一只手，手里握着笔，用笔画出图文（图1）；上半部是手持笔的姿势，下半部图文形状略有差异（图2、图3）；演变至今，字形线条改变：图1、图2、图3→图4。

常用词汇　知书达礼　书香门第

繁体　　简体　　英文

huà

畫　　画　　to paint

**字义说明**　绘图；许慎解释，像画出田地四边的线条，用以区分范围或规范界限。

（说文解字）　"界也，象田四界，聿所以画之。凡画之属皆从画。"

　　　畫

图1　　图2　　图3　　图4

**字形说明**　取手、笔与图文之形造字。

上半部是一只手握着笔，下半部是一图形，像手持笔画图的样子（图1）；上半部仍保持手拿笔的姿势，下半部的方块图形略有差异（图2、图3）；演变至今，字形线条改变：图1、图2、图3→图4。

**常用词汇**　画蛇添足　琴棋书画　画龙点睛

**繁体** **简体** **英文**

zhòu

畫　昼　daytime/daylight

**字义说明**　白天；许慎解释，从日出到日落这一段时间，与黑夜有所区隔，由
　　　　　　画与日组合而成。

**说文解字**　"日之出入，与夜为界，从画省，从日。"

书　　畫　　畫　　畫
图1　　图2　　图3　　图4

**字形说明**　取手、笔与图文之形造字。
　　　　　　手握着笔，画出一个圆形太阳（图1）；上半部手持笔，下半部是
　　　　　　太阳刚从地平线升起（图2）；上半部保留手持笔之形，下半部所
　　　　　　绘图形略有改变（图3）；演变至今，字形线条改变：图1、图2、
　　　　　　图3 →图4。

汉字画十三

鼓乐之象

汉字

好好玩

雷鼓。

　　人类生活中许多的事物都是来自大自然的启发，像鼓就是远古先民受到雷声的启示而来。相传，上古人类受到雷声惊吓后，发现声音也是一种武器，尤其遇到野兽时，可以利用声音达到吓阻的效果。在古中国的战场上，"鼓"一直扮演着重要角色，甚至能左右战争的胜负。古代战争的规则是"闻鼓声则进，闻金声则退"，士兵们只要听到打鼓声就表示要前进奋力杀敌，听到敲锣声时就代表要退兵，即所谓"击鼓进兵，鸣金收兵"。

皮鼓。

　　远古时期的中国存在着许多大大小小的部落，之所以能将分散的部落整合成统一的国家，是经历了数不清的战争。司马迁《史记》记录了黄帝与蚩尤两大部落间的战争，双方对峙多年，黄帝部落最后是通过造"鼓"才击败了蚩尤。古籍记载，黄帝与蚩尤曾经激战了九次，黄帝一直无法战胜，后来受到天神的启示，造了一种鼓，名为夔（kuí）牛鼓，它是用夔龙的皮打造而成。黄帝一共造了八十面鼓，鼓声可以震至五百里之外，黄帝就是靠着鼓声壮大了军威，才顺利击败蚩尤一统中原成为共主。"鼓"是由"壴（zhù）"与"支"组合而成。鼓左侧壴即壴，最上面是鼓的装饰物，又称为羽葆与华盖，中间则是鼓面，最下面是鼓的立架。右侧表示一只手拿着木槌，线条直线化后就成了"支"这个字。整个鼓字就像是手拿木槌敲击鼓面的样子。击鼓时会

古代乐人。

发出彭彭的声音，彭的古字 ，右边三条斜线就像鼓振动时产生的声波。

许慎在《说文解字》中提到鼓与乐的关系："五声八音总名，象鼓鞞（pí）。"乐是五声八音的总称，古代将音乐分为五声（宫、商、角、徵、羽）八音（丝、竹、金、石、匏、土、革、木），统称为乐。乐的古字 樂，下半部是个木架，上半部中间摆放着鼓，左右两边有类似丝器的装饰物，所以许慎特别提到乐的造型其实像一种鼓鞞。

手持木槌打鼓。

鼓的声波会影响人的心情，不同的鼓声可给人不同的感受，鼓有提振士气、鼓舞人心的作用，让人心中充满无限的喜悦。"喜"与"嘉"两个字都与鼓有关，喜的古字 喜，上面是鼓，下面是个口，像一个人站在鼓的下方，击鼓时张开嘴巴吟唱的样子。嘉的古字 、 上面是一座大鼓，下面力是一把可以击鼓的工具。古代击鼓的工具称为鼓枹（fú），但随着鼓造型的不同，就需要配合不同的鼓枹。从古字的字形中我们发现古人会将农具作为击鼓的道具，就像台湾少数民族以"杵"敲打发声，并发展出属于自己独特的音乐。

楹鼓。

建鼓。

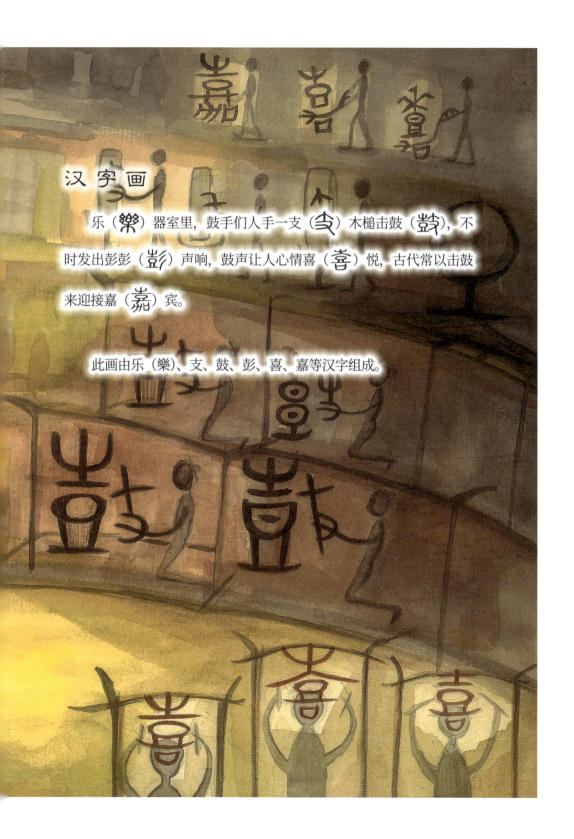

汉字画

乐（樂）器室里，鼓手们人手一支（攴）木槌击鼓（鼓），不时发出彭彭（彭）声响，鼓声让人心情喜（喜）悦，古代常以击鼓来迎接嘉（嘉）宾。

此画由乐（樂）、支、鼓、彭、喜、嘉等汉字组成。

| 繁体 | 简体 | 英文 |
|------|------|------|

zhī

支　　支　　to support/branch

**字义说明**　支持、数量单位；许慎解释，竹子除去竹叶后留下的枝干，由手与
竹组合而成。

**说文解字**　"去竹之枝也，从手，持半竹。凡支之属皆从支。"

　　　支

图1　　　图2　　　图3　　　图4

**字形说明**　取手与竹枝之形造字。
上半部为竹子，下半部为手，手拿竹子的样子（图1）；上半部竹枝
逐渐演变成"十"，下半部手的线条ㄅ逐渐演变成"又"：图1、图2、
图3→图4。

**常用词汇**　乐不可支　左支右绌 (chù)　支支吾吾

| 繁体 | 简体 | 英文 |
|---|---|---|

gǔ

鼓　鼓　drum

**字义说明**　打击乐器；许慎解释，春天万物破皮甲而出时，击鼓为之庆祝。《周礼》将鼓分为六种：雷鼓有八个鼓面；灵鼓有六个鼓面；路鼓有四个鼓面；鼖（fén）鼓、皋（gāo）鼓、晋鼓均只有两个鼓面。

**说文解字**　"郭也，春分之音，万物郭皮甲而出，故为之鼓。从壴、支，象其手击之也。《周礼》：'六鼓：雷鼓八面，灵鼓六面，路鼓四面，鼖鼓、皋鼓、晋鼓皆两面。'凡鼓之属皆从鼓。"

图1 　　图2 　　图3 　　图4

**字形说明**　取鼓、手与木槌之形造字。
左边是一个鼓形，右下为手，右上为木槌，像手持木槌敲击鼓（图1）；左边是上下两个鼓，右边仍是手持木槌的样子（图2）；中间圆弧形的鼓身，下方有两条立脚，上方是鼓的装饰（图3）；演变至今，鼓形略有差异，但仍保留手持木槌击鼓的样子：图1、图2、图3→图4。

**常用词汇**　一鼓作气　锣鼓喧天

| 繁体 | 简体 | 英文 |
|---|---|---|

péng

彭　彭　drumbeat

**字义说明**　击鼓所发出的声音；许慎解释，鼓的声音，由壴与彡组合而成。
**说文解字**　"鼓声也，从壴，彡声。"

图1 　　图2 　　图3 　　图4

**字形说明**　取鼓振动之形造字。
左侧是一圆形的鼓，下方有两条立脚，上方代表装饰品，右边三斜线代表鼓振动时形成的气流（图1）；演变至今，鼓上方装饰的线条略有差异：图1、图2、图3→图4。

 繁体　 简体　 英文

yuè/lè

# 樂　乐　Music (yuè) / happy (lè)

**字义说明**　音乐；快乐；许慎解释，宫、商、角、徵 (zhǐ)、羽这五声与丝、竹、金、石、匏 (páo)、土、革、木这八音的总称，是由小鼓与木制鼓架组合而成的形象。

**说文解字**　"五声八音总名，象鼓鞞，木虡 (jù) 也。"

$$\text{图1} \quad \text{图2} \quad \text{图3} \quad \text{图4}$$

图1　　　图2　　　图3　　　图4

**字形说明**　取鼓器与木架之形造字。

上半部有六个小鼓面，下半部是木架（图1）；演变至今，字形线条改变，下半部仍是木架，上半中间保留一个大鼓面，左右两边8逐渐演变为"幺"：图1、图2、图3。

繁体　简体　英文

jiā

嘉　嘉　good/fine

**字义说明**　有美或善之意；许慎解释，表示美好，由壴与加组合而成。

**说文解字**　"美也，从壴，加声。"

　　　嘉

图1　　图2　　图3　　图4

**字形说明**　取鼓与工具之形造字。

上半部为一个鼓形，中间是一把工具，在古代称为"力"，下半部
是口（图1、图2）；上半部是鼓形，下半部左边为力，右边为口
（图3）；演变至今，字形线条结构改变：图1、图2、图3→图4。

**常用词汇**　嘉言善行

繁体　简体　英文

xǐ

喜　喜　happiness

**字义说明**　喜乐、开心；许慎解释，代表快乐的样子，由壴与口组成。与喜有
关的字，有嘻等。

**说文解字**　"乐也，从壴，从口，凡喜之属皆从喜。"

喜　喜　喜　喜

图1　　图2　　图3　　图4

**字形说明**　取鼓与口之形造字。

上半部是一个鼓，下半部口代表嘴巴（图1、图2）；鼓上面的装
饰线条变成"士"（图3）；演变至今，字形的线条改变：图1、图
2、图3→图4。

**常用词汇**　喜怒哀乐　喜形于色　沾沾自喜

铜鼓。

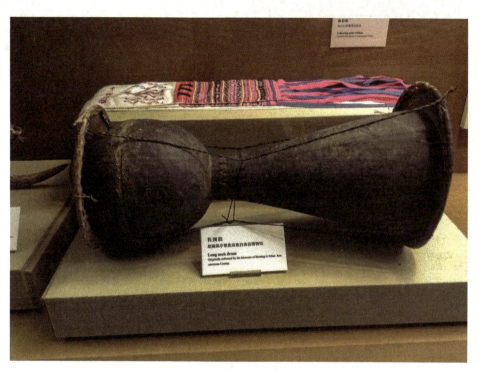

长颈鼓。

妇产之象

汉字

好好玩

"胎教"一词并非来自西方的观念，其实，早在几千年前的中国人就相信且重视胎教。古代的中国妇女知道怀孕时不仅要注意胎儿的营养，同时也要开始对胎儿进行教育，历史上最著名的案例就是周朝王室"三太"的故事。周文王得以成为一代圣王，与三个女人有关，即周文王的祖母太姜，母亲太任，妻子太姒（sì）。据传，周文王的母亲怀孕时特别注重胎教，眼睛不看邪恶不好的事物，耳朵不听低俗的音乐，口不出恶语，不吃辛辣或不洁的食物，同时保持平静愉快的心情，所以周文王一出生就与一般的孩子不同，不但相貌端庄、聪明过人、学习力强且能举一反三。历史上将此三位女性合称为"三太"，"三太"母仪天下，后世便尊称自己妻子为"太太"，希望自家妻子可以仿效她们的德行。

《三才图会》周文王图。

《清俗纪闻》产屋。

《清俗纪闻》生产用品。

周文王的成就也让历代皇室了解到胎教的重要性，皇室中只要有后妃怀孕，除了身份位阶提升外，饮食起居的待遇也变得丰厚，并会安排礼教官员教导孕妇应遵守的行为规范。皇宫内会设立一间专门的产室让孕妇安心待产，让孩子顺利诞生。"字"的古字 🈀 就能代表这样的含义，字的上半部是屋顶形状，下半部是一个孩子的形象，代表屋子里有孩子，象征一种生命的延续。《说文解字》将"字"解释为"乳也。"意思是在

家中生产并哺乳孩子，可见"字"最初的
本义与生育孩子有关。

胎儿2个月。

　　中国第一本医书《黄帝内经》对于胎
儿的形成过程，以及出生后人体成长的变
化，均有详细的记载。我们也可以从甲骨
文中发现，古人对人体已有相当程度的了
解，例如，包的古字中间是胎儿的形状，
外围是一个圆形，就像胎儿被包覆保护在母体内。十个月后，所有器官功能
成熟，母体出现阵痛讯息时表示胎儿即将出世。生产时，胎儿的头部会先出
来，所以必须用手托住胎儿的头部，孚的古字上方是爪或手形，下方是
子，像用爪或手抓着孩子的样子。女人生产会面临许多不可抗拒的风险，生
产后会显得孱弱，孱的古字上半部是尸之形，像一个女人侧卧的样子，下
半部是三个子。女人怀孕通常是一胎，偶尔会有双胞胎，极少数也会出现一
次产下三胞胎的情况。中国妇女产后有"坐月子"的习俗，这是因为古人
了解妇女在生产时会大量出血，母体需要时间复原。坐月子是为了让产妇
不要负担其他劳
务工作，可以放松
心情好好休息调理
身体，等到身体完
全恢复后才有体力
照顾小孩。

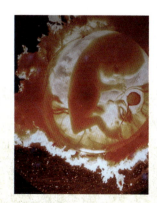
胎儿3个月。

胎儿4个月。

## 汉字画

胎儿被包（ ）覆在母亲肚里慢慢成长，等到临盆时，需要产婆帮忙接生。孕妇怀了三胞胎身体显得孱（ ）弱，还好在有经验的产婆协助下，胎儿不孚（ ）众望地顺利生产，家人忙着帮新生儿取名字（ ）。

此画由包、孱、孚、字等汉字组成。

 繁体　 简体　 英文

bāo

包　　包　　to wrap

**字义说明**　包裹、包含；许慎解释，女人怀孕时，胎儿在肚子里，但尚未成形。

**说文解字**　"象人裹（huái）妊，巳在中，象子未成形也，元气起于子，子人所生也。"

图1　　　　图2　　　　图3　　　　图4

**字形说明**　取女人怀孕之形造字。

画一侧面的女人，肚子里有一胎儿（图1）；仅保留女人肚子与胎儿的模样，像胎儿被包裹在肚子里（图2、图3）；♀演变成"巳"，圆形肚子改以半包围之形呈现：图1、图2、图3→图4。

**常用词汇**　包罗万象　包藏祸心

繁体 简体 英文

fú

孚 孚 to inspire confidence

**字义说明** 信任；孵的字源；许慎解释，动物孵生下一代，由爪与子组合而成。

**说文解字** “卵孚也，从爪，从子。”

图1 图2 图3 图4

**字形说明** 取手爪与子之形造字。

上半部手爪向下，下半部是个小孩子，像用手抓住孩子（图 1、图 2）；手爪之形演变为“爫”（图 3）；演变至今，字形线条改变：图 1、图 2、图 3 →图 4。

**常用词汇** 深孚众望

繁体 简体 英文

chán

孱 孱 weak

**字义说明** 孱弱；许慎解释，妇人生小孩时所发出的呻吟声。宋代文字学者徐铉将尸视为屋子的外形，而屋里有三个孩子，由尸与孨（zhuǎn）组合而成。后世学者认为尸像女人侧躺产子的样子。

**说文解字** “迮（zé）也，一曰呻吟也，从孨，在尸下。臣铉等曰：‘尸者，屋也。’”

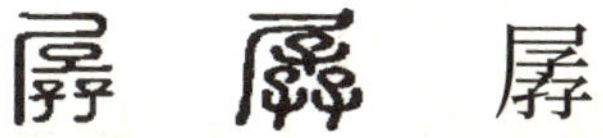

图1 图2 图3

**字形说明** 取女人在屋里产子之形造字。

上半部尸代表女人屈着身体，下半部孨像产出三个小孩子（图 1、图 2）；演变至今，字形线结构条略有改变：图 1、图 2 →图 3。

字　字　英文
zì

字　字　name/word

字义说明　名字、文字；许慎解释，乳育孩子，由宀与子组合而成。
说文解字　"乳也，从子，在宀下，子亦声。"

宀　宀　宀　字
图1　　图2　　图3　　图4

字形说明　取屋室与孩子之形造字。
　　　　　上半部为屋室外形，屋里有一个孩子（图1）；演变至今，屋形线条略
　　　　　有改变，但都保留屋内一孩子形象：图1、图2、图3→图4。
常用词汇　字正腔圆　字字珠玑

抚育之象

汉字

好好玩

随着社会的发展与经济环境的改变，中国几千年来"男主外，女主内"的传统生活模式被打破，为了应付现代生活，妇女也要外出工作分担家计，即便怀孕时或生产后也要回到职场工作。在古代，妇女大都"大门不出，二门不迈"，最大的幸福是能找到一个好归宿，婚后怀孕生子并在家哺育教养后代，如此的家庭生活才称得上美好。从甲骨文中我们可以看到古人对"好"字的认知，好的古字 𡥀，左侧是一个女人，右边是一个孩子，将女人哺育孩子的形象结合在一起，就是古人对"好"这个字的感受。

母亲手抱婴儿图。

孩子出生后嗷嗷待哺，母亲哺乳虽属天性，但有些母体可能因为疾病、产后虚弱或奶水不足等原因，只能请亲友中有奶水的妇女帮忙哺育。富贵家族会找有经验的妇女帮忙照顾孩子，这些人被称为奶娘或乳母。而皇室对照顾新生儿人员的要求更严格，分工更仔细。他们将保育人员分为乳母与保姆，两者职责不同。以清朝皇室为例，刚出生的皇子会被带离生母的身边，委由他人照顾，依照皇室惯例，每位皇子会安排八位保姆与八位乳母负责照料。保姆负责照顾皇子的日常生活起居，从饮食到穿着都由这些专职的保姆来侍候。"保"字由"人"与"呆"组合而成，"呆"最初其实是"子"之形，此字必须从古文才能看得出来，保的古字 𠣧，左边是个侧面站立的人形，右边则是一个张开双手的小孩子，

8-5-1 乳母 《清末民间风俗画》

《清末民间风俗画》乳母。

母背孩子。

整体感觉就像是一个大人背着小孩的模样。

手抱孩子哺乳。

乳母的职责是提供乳汁哺育皇室的后代，清朝乳母的遴选条件相当严格，不论是年龄大小、身体状况、品格是否良善等等，都有一定标准，人选通常是从满族的贵族家仆中挑选出来，虽然他们的身份是家仆，但其背景都来自有品阶官职者的妻女。从"乳""孔""奶"三个字可以看出古人对哺乳这件事的重视，"乳"是强调手抓着孩子喂奶，而"孔"是强调乳房畅通奶水流出，"奶"则是强调女人胸部形状。乳的古字 𤔲 左上方是一只手往下，左下是一个孩子，右侧是一条简单的身体线条，就像用手抓着婴儿哺乳，这是一个充满动态形象的字。乳母的主要工作就是提供给皇子们充足且健康的乳汁，因此乳母们的饮食受到严格的管控，吃的都是对发奶有帮助的食物，所以不能加入太多的调味料。外人看来状似轻松的乳母工作，若没依规定安

专职乳母。

胸部特别突出的陶俑。

排饮食可是会受到严厉的惩罚，因为皇室必须确保王子公主喝到的是最佳品质的乳汁。乳母们平时须保持身体健康洁净与乳孔畅通，确保乳汁分泌正常，孔的古字 𡥀 像一个孩子在吸吮奶水的样子。奶的古字 𡥀 左边画一个跪坐之姿的女人形象，右边状似隆起的胸部，这个字强调女性的身体曲线。虽说乳母也算是皇子的仆人，但经过长期照料与陪伴，皇子通常会将乳母视为自己的亲人，有时关系甚至比自己的生母还要亲近。

## 汉字画

古代皇室对育儿特别慎重，会安排乳母与保姆照顾幼儿，两者职责不同，乳（ ）母仅负责喂奶（ ），乳母们必须随时保持乳孔（ ）通畅；而保（ ）姆则负责照顾小孩生活事务。在专职分工下，希望每个王子公主都能好好（ ）地茁壮成长。

此画由乳、奶、孔、保、好等汉字组成。

| 繁体 | 简体 | 英文 |
|---|---|---|

乳　乳<sub>rǔ</sub>　cream/milk

**字义说明**　哺乳；许慎提到，古代将人与鸟类生育下一代称为乳，而野兽生育下一代视为产。由孚与乚组合而成。

（**说文解字**）　"人及鸟生子曰乳，兽曰产，从孚，从乚。"

图1　　图2　　图3　　图4

**字形说明**　取女人与孩子之形造字。
画一女人侧面形象，双手环抱孩子喂奶的样子（图1）；右边线条简化，用乚代表女人，左边有一只手，手往下抓住小孩，像在喂奶的样子（图2、图3）；演变至今，字形线条改变：图1、图2、图3→图4。

**常用词汇**　乳臭未干　水乳交融

繁体　简体　英文

hǎo

好　好　good

**字义说明** 美好；许慎解释，好是由女与子组合而成。

**说文解字** “美也，从女子。”

图1

图2

图3

图4

**字形说明** 取女人与孩子之形造字。

画一女人跪坐着，双手环抱着孩子（图 1）；女人与孩子位置对调，女人线条已简化（图 2、图 3）；演变至今，字形线条改变：图 1、图 2、图 3 →图 4，也逐渐演变成“子”。

**常用词汇** 花好月圆　好自为之　好事多磨

繁体　简体　英文

kǒng

孔　孔　opening/hole

**字义说明** 小洞；许慎解释，孔有洞可以流通，由子与乚组合而成。

**说文解字** “通也，从乚，从子。”

图1

图2

图3

**字形说明** 取小孩子与女人侧面之形造字。

孩子吸吮奶头的样子（图 1、图 2）；演变至今，左边仍保留一孩子形象，右边曲线象征女人的身躯：图 1、图 2 →图 3。

**常用词汇** 无孔不入　千疮百孔

繁体　简体　英文

*nǎi*

奶　奶　milk/breast

字义说明　乳房、奶汁。

说文解字　无。

图1　　　图2

字形说明　取女人乳房之形造字。

左边是女人侧面的形象，右边代表胸部的形象（图1）；演变至今，
字形线条改变：图1→图2。

繁体　简体　英文

bǎo

# 保　保　to protect

**字义说明**　保养、保护；许慎解释，养育孩子，由人与采组合而成。

**说文解字**　"养也，从人，从采省。采，古字孚。"

图1　　图2　　图3　　图4　　图5

**字形说明**　取人背孩子之形造字。

画人侧面背一孩子（图1）；人与孩子位置对调，孩子下面出现装饰线条（图2、图3、图4）；演变至今，字形线条改变，孩子 Ψ 逐渐演变成"呆"的字形：图1、图2、图3、图4→图5。

**常用词汇**　明哲保身　持盈保泰